U0111958

大展好書　好書大展
品嘗好書　冠群可期

大展好書　好書大展
品嘗好書　冠群可期

運動精進叢書 29

NBA經典
進攻戰術解析

曹冬・單曙光　著

大展出版社有限公司

前　言

　　籃球進攻戰術，在這裡特指進攻過程中球隊整體進攻戰術打法的實施方式。它所涉及的是進攻陣容五名隊員的整體技術與整體進攻戰術的關係。兩者的關係是：進攻陣容五名隊員的整體技術是整體進攻戰術的基礎；而整體進攻戰術則是發揮進攻陣容五名隊員整體技術的最好進攻方式。

　　在實戰中，各支球隊進攻陣容由各自不同的五名隊員組成，形成各自不同的整體進攻技術類型，並由此決定各進攻陣容實施不同的主要進攻戰術。

　　譬如：洛杉磯湖人隊擁有高大進攻陣容，並具有「三角進攻」的傳統，因此它實施「以內線進攻為主」的進攻戰術。聖安東尼奧馬刺隊具有「雙塔進攻」的傳統，因此它也堅持執行「以內線進攻為主」的進攻戰術。雖然兩隊整體進攻戰術的具體實施方式不同，但兩隊「以內線進攻為主」的戰術理念卻是一致的。而「以內線進攻為主」的戰術理念也是美國籃球一貫堅持的戰術思想。

　　擁有「小而靈」進攻陣容的太陽隊，具有快速、

靈活、準確的進攻傳統，因此，它並不「捨己之長」地強行爭奪籃下優勢，而是發揮快速、靈活、準確的整體技術特點，採取「跑轟」的進攻戰術。在攻守轉換之時，它運用「追著打」的進攻方式，當對手防守陣型未穩之時，果斷進攻；在陣地進攻時，它也利用快速、靈活的掩護和移動，創造外線進攻機會，果斷進行外線攻擊。這是一種「以外線進攻為主」的戰術理念。它雖然有悖於美國籃球傳統的戰術思想，但它卻「從實際出發」，能夠充分發揮自己進攻陣容的整體技術優勢，創造出最大的進攻戰術效益，並且開創了一種「以外線進攻為主」的全新戰術思想。

值得關注的是：無論是「以內線進攻為主」的「三角」進攻戰術、「雙塔」進攻戰術，還是「以外線進攻為主」的「跑轟」進攻戰術、「普林斯頓」進攻戰術，都以其能夠創造進攻高效率的本質特徵，成為NBA經典進攻戰術。而它們之所以能夠創造進攻高效率，其根本原因在於它們都符合籃球進攻的規律。

譬如：「三角」進攻戰術、「雙塔」進攻戰術等「以內線進攻為主」的進攻方式，符合「離籃圈越近，則投籃命中率越高」的籃球進攻規律。這是一種符合高大進攻陣容發揮整體技術優勢的籃球進攻規律。「跑轟」進攻戰術、「普林斯頓」進攻戰術等「以

外線進攻為主」的進攻方式，符合「離籃圈越遠進攻，則防守強度越小，越容易形成良好投籃時機」的籃球進攻規律。這是一種符合「小而靈」進攻陣容、發揮整體技術優勢的籃球進攻規律。正是因為這些進攻戰術的運行方式符合籃球進攻規律，所以這些進攻戰術在實戰中廣為運用、效果顯著，成為NBA經典進攻戰術。

　　一種經典的進攻戰術，必然會被與建立這種戰術的原型球隊陣容相似的球隊共同欣賞、借鑒和運用。其原因是：陣容相似球隊的進攻方式，都要符合發揮其整體技術優勢的籃球進攻規律。因此，一支球隊有效而合理的進攻方式，勢必為與其相似球隊在進攻時所採用。

　　譬如：「高位擋拆」進攻方式，由讓高大內線隊員拉到高位的方法，使防守方的內線區域處於「空虛狀態」，這就給隊員運球突破的技術發揮創造了最好的攻擊環境。在這種環境下，憑藉優秀的身體條件發揮技術，是NBA賽場最為提倡的進攻方式，也是NBA球隊和隊員最為突出的技術特點。因此，高位擋拆幾乎為所有NBA強隊所採用，並成為NBA隊員最流行的進攻方式。亦因此，「高位擋拆」進攻方式引領著NBA球隊進攻戰術的發展趨勢。再譬如：由中鋒在罰球線策應的

進攻方式，以及投籃隊員由移動掩護接球投籃的進攻方式，都是因為它們符合籃球進攻的規律，成為「經典」的進攻戰術，而被NBA強隊廣泛運用，效果顯著，並引領著NBA球隊進攻戰術的發展趨勢。

「經典」進攻戰術雖為大多數球隊所共用，但以下幾點可以從本質特徵上區分各支球隊所特有的進攻風格：第一，不同球隊側重使用不同的「經典」進攻戰術。譬如：馬刺隊在實戰中側重使用「雙塔」進攻方式；太陽隊在實戰中側重使用「跑轟」進攻方式。第二，由於不同技術特點的隊員來執行同一種進攻方式，則使這種進攻戰術側重不同的攻擊方式。譬如：派克在「高位擋拆」中，主要運用快速運球突破的方式進行攻擊；而納許在「高位擋拆」中，則利用對手「換人」後出現「錯位防守」的情況時，進行外線遠射。第三，由不同位置的隊員執行主要進攻任務，則使同一種進攻戰術側重不同的進攻點。譬如：在對手主要防納許攻擊的情況下，納許與小斯進行「擋拆」，則側重小斯這一點的衝擊式籃下攻擊；而納許與弗萊進行「擋拆」，則側重弗萊這一點的遠射攻擊。以上特點決定了：使用相同的進攻方式，卻呈現出不同的進攻戰術特點，並表現出不同的進攻風格，這是NBA經典進攻戰術「共性中的個性」。

圖示與符號

1. 進攻隊員

① ② ③ ④ ⑤

2. 持球進攻隊員

① ② ③ ④ ⑤

● 投籃隊員

3. 進攻中隊員之間的傳球、運球與無球移動

①┈┈►② 隊員①向②傳球

①〜〜〜► 隊員①運球

①———► 隊員①無球移動

4. 綜合進攻行動

④傳球給②，去給③掩護，③利用④的掩護，向有球區移動。

④為②做掩護，②利用④的掩護運球突破，④為②掩護後轉身切入。

目　錄

第一章 「雙塔」進攻戰術

　　「雙塔」進攻戰術是一種由「以內線進攻為主」進攻理念為戰術指導思想，以兩個內線攻擊重點（可以由兩個高大內線進攻隊員組成兩個內線攻擊重點；也可以由一個高大內線進攻隊員與其他隊員組成兩個內線攻擊重點）為主體構架，設計的具有豐富戰術內容和攻擊形式的「以內線進攻為主」的進攻方式。

第一節 「雙塔」進攻戰術理念

一、傳統的「雙塔」進攻戰術理念

　　從籃球運動發展歷程看，人們最先明白的規律，是內線優勢的規律，因為高大內線隊員最容易獲得離籃圈近的投籃時機，而離籃圈越近投籃，才越能獲得投籃的高命中率。於是，人們普遍追求「內線進攻為主」的進攻模式，追求「中鋒制勝」的進攻戰術打法。

　　隨著對高大內線隊員採用多人「包夾」防守對策的出現，以及這種策略對高大內線隊員攻擊力的限制，人們認識到：要想獲得「內線進攻優勢」，不僅需要一個高大的內線攻擊點，而且需要另一個高大的內線攻擊點和強有力

的外線多個攻擊點的牽制與配合。唯其如此，才能使防守方顧此失彼、無法兼防進攻方內線強大的「兩點進攻」。從而使進攻方獲得真正的「內線進攻優勢」。

但是，如果兩個內線攻擊重點都是能夠強攻硬打的「超高大」隊員，那麼進攻陣容的靈活性和進攻戰術的機動性將受到嚴重的限制。

這是因為，進攻陣容的靈活性主要受制於內線高大隊員，高大內線隊員是進攻陣容的「身體重心」，內線高大隊員的靈活性、快速移動能力欠缺時，則整體進攻陣容的靈活性也相應欠缺；由守轉攻時，整體進攻陣容會因為高大內線隊員移動緩慢而延緩進攻速度；陣地進攻時，整體進攻陣容會因為高大內線隊員無法進行大範圍移動而使整體進攻方式的靈活性嚴重降低，並僅能進行「固定式」的「高舉高打」陣地進攻。

當內線有兩個高大進攻隊員時，進攻陣容的靈活性會更加降低，並因此喪失進攻戰術的機動性。而這一點與宣導快速、勇猛、機動、靈活的美國籃球精神背道而馳，並為大多數NBA球隊在實戰中所摒棄。因此，兩個內線攻擊重點的設置，絕不是兩個僅能強攻硬打的「超高大」內線隊員；恰恰相反，兩個內線攻擊重點的設置，應該是兩個靈活的、「能裡能外」的內線高大隊員。

唯其如此，才能使兩個內線高大隊員之間，產生靈活的戰術配合，才能使整體進攻陣容獲得靈活性品質，內線隊員與外線隊員之間產生「互助效應」，從而使整體進攻戰術更加機動、靈活與合理。

這也是葛列格・波波維奇（Gregg Popovich）「雙塔」進攻戰術的理論源泉和最初的理論形式。在它的指導下，「雙塔」進攻戰術模式應運而生。

　　在大衛・羅賓森未退役之前，在馬刺隊「雙塔」進攻模式中，鄧肯與羅賓森這對「雙塔」都是「能裡能外」的靈活性內線高大隊員。從技術上講，兩人都能拉到外線與隊友進行戰術配合，並在外線進行有效攻擊。鄧肯可以在中距離進行碰板投籃和運球突破攻擊，並在外線策應，助攻隊友。羅賓森有準確的中距離投籃和運球突破攻擊，也能在外線策應，助攻隊友。

　　兩人的技術結構決定了兩人既可以「能裡能外」使進攻陣容靈活自如，又能夠進行中距離攻擊和外線策應，實現陣地進攻的「第二次組織」，使陣地進攻機動多變。進攻陣容內兩名技術全面的靈活性內線高大隊員的設置，不但沒有降低陣容的靈活性和戰術的機動性，反而使陣容更加靈活自如，並且具有身高優勢，戰術機動多變，且能夠內外結合。

　　馬刺隊內線由羅賓森和鄧肯兩人組成，「雙塔」並峙，結合緊密，曾打出許多成功的內線進攻戰術配合。而當防守方集全隊之力、合圍一名內線隊員之時，另一名內線隊員的移動進攻和外線準確的遠投能力又得以充分發揮，「內線兩點進攻」和「內外結合」共同使用，使防守方在內線防一點而忽略另一點，並且防內疏外，防外又疏內，內外不能兼顧。馬刺隊第一次奪冠，憑藉的主要是內線「雙塔」的進攻威力。

二、對「雙塔」進攻戰術理念的承繼與創新

1. 對「雙塔」進攻戰術理念的承繼

實際上，在一個進攻陣容中組合像鄧肯與羅賓森這樣技術全面、靈活性很強的「雙塔」是十分困難的。但是，在一個進攻陣容中組建一種由強攻型高大內線隊員與技術全面、靈活型高大內線隊員的內線組合，卻是可以辦到的。如今湖人隊進攻陣容拜納與加索的內線組合，就是這種「一強一靈」的「雙塔」模式。

它的陣容靈活性和進攻的機動性，遠遜靈活型「雙塔」模式，但是，它的內線進攻威脅卻更勝於靈活型「雙塔」組合。並且，它能夠與傑克森的「三角進攻」理念有機結合。形成一種內容更為豐富、進攻威脅更大的「以內線進攻為主」的進攻戰術理念。

2. 對「雙塔」進攻戰術理念的創新

當大衛・羅賓森退役之後，內線攻擊威脅大減，並從此失去了傳統的「雙塔」進攻戰術模式。但是，馬刺隊在羅賓森退役之後，又連續兩次「隔年」奪冠，反而顯得更輕鬆自如。究其原因，可以看到：雖然馬刺隊失去了傳統的「雙塔」進攻戰術模式的外型，但是它依然存留著「雙塔」進攻戰術模式的靈魂。它依然保留著兩個內線進攻重點，以「高位擋拆」後運球突破攻擊的方式，與另一個高大內線隊員的組合，形成內線兩個進攻重點的新形式。這

種變化，使「雙塔」進攻戰術理念擁有了新內容，它主要表現為如下幾種形式：

第一，它以「高位擋拆」後外線隊員的運球突破攻擊，代替內線高大隊員的強攻硬打，以一種移動性「外線內打」的進攻方式，代替了固定性內線隊員的「高舉高打」。高位擋拆後，由於進攻方高大內線隊員上提到高位，迫使防守方內線隊員跟隨防守，致使防守方內線出現「空虛狀態」，這就為進攻方外線隊員運球突破攻擊提供了良好的進攻環境，同時為順利實現「外線內打」提供了可能。而這種在移動和對抗中實現技術動作價值的進攻方式，更符合美國籃球的一貫傳統和內在精神。

應該強調的是高位擋拆後，當進攻隊員以快速運球突破與運球突破分球兩種方式進行攻擊，實現直接進攻或「由內傳外」助攻遠投進攻時，才能夠替代「雙塔」進攻戰術的內線強攻與內線策應。而「高位擋拆」創造的其他進攻時機，以及進攻方在配合後進行的其他攻擊變化，比如形成「以大防小」防守錯位，進攻方乘機進行外線攻擊等情況時，則與「雙塔」進攻戰術毫無關係。

第二，高位擋拆後，由於進攻方內線高大隊員拉到外線，則使傳統內線高大隊員的高舉高打，轉變成由外向內的移動性衝擊式籃下攻擊。比如鄧肯、加索等內線高大隊員由外向內的移動性衝擊式攻擊。

這種內線高大隊員的移動性攻擊，主要有兩種良好的配合時機，其一是高位擋拆後，當外線隊員運球突破遇到防守隊員的補防和攔阻時，進攻方內線高大隊員掩護後轉

身插入,這時運球突破隊員乘機分球給插入的隊友,實現移動性內線進攻配合。其二是高位擋拆後,外線隊員運球突破遇到防守隊員的補防和攔阻時,運球突破隊員傳球給外線隊友,創造外線遠投機會。當防守方補防不及時,進攻方外線隊員在「無嚴重干擾」情況下,果斷投籃;當防守方積極補防並導致防禦範圍擴大、內線空虛時,進攻方內線高大隊員乘機空插向籃下,接外線隊友傳球,進行移動性空切攻擊。

這兩種內線高大隊員的攻擊,都要求內線高大隊員進行移動性內線進攻。而這種移動性的戰術配合與攻擊方式,都更符合美國籃球所追求的在移動和對抗中實現技術動作價值的內在精神。

綜上所述,內線移動性攻擊方式與固定性攻擊方式的戰術本質是一樣的,都是尋求「離籃圈最近距離的合理投籃時機」。從表面上看,完成攻擊任務的是外線隊員,但外線隊員移動性攻擊的出手地點都在「離籃圈最近的距離」的位置上,都在進行實質上的內線進攻。而這種移動性的內線進攻,反映了美國籃球追求在移動和對抗中實現技術動作價值的內在精神,也反映了籃球運動戰術發展的某種趨勢。

第二節　傳統的「雙塔」進攻戰術

由兩名能裡能外、技術全面的內線進攻隊員組成的靈活性「雙塔」,以及圍繞「雙塔」設計的陣地進攻戰術,

即為傳統的「雙塔」進攻戰術。

在這種進攻戰術中，兩名內線進攻隊員機動、靈活，既能在內線強攻和巧打，又能在外線進行中距離投籃和外線策應，實現對陣地進攻的「第二次組織」。內線「雙塔」的設置，使進攻陣容靈活自如，又具有身高優勢，使進攻戰術機動多變，又能夠「內外結合」。傳統的「雙塔」進攻戰術主要包括以下幾種方式。

一、「雙塔」同側掛插進攻方式

(1) 參戰陣容

①強生（控球後衛）；　②吉諾比利（攻擊後衛）；

③鮑文（小前鋒）；　　④鄧肯（大前鋒）；

⑤羅賓森（中鋒）。

(2) 戰術進行過程

如圖1－1－1所示，強生傳球給鮑文後，迅速移動到底線；與此同時，鄧肯利用羅賓森的掩護，掛插向另一側罰球區腰部。

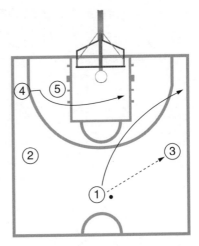

圖1－1－1　「雙塔」同側掛插進攻戰術

如圖1－1－2所示，鮑文傳球給移動到底線的強生；此時，利用掛插擺脫防守的鄧肯，恰好移動到罰球區腰部。強生「恰到好處」地傳球給鄧肯，鄧肯利用嫻熟的籃下進攻技術，進行攻擊。

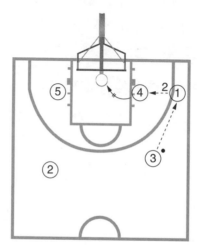

圖1－1－2 「雙塔」同側掛插進攻戰術

(3) 戰術解析

　　這種進攻戰術的關鍵點在於：第一，兩名同側內線進攻隊員的「掛插」行動。這種配合可以幫助移動中的進攻隊員擺脫防守，獲得接球時機和有利的進攻位置。第二，外線持球隊員要做到人到球到，「恰到好處」地傳球給移動到位的內線隊友，使他獲得寶貴的進攻有利地位。第三，在戰術設計中，移動接球的內線進攻隊員，必須是善於籃下進攻、具有嫻熟籃下進攻技術的隊員。唯有如此，才能使設計的進攻時機，轉化成現實的成功率。

二、「雙塔」內外結合的進攻方式

(1) 參戰陣容

①強生（控球後衛）； ②吉諾比利（攻擊後衛）；

③鮑文（小前鋒）； ④鄧肯（大前鋒）；

⑤羅賓森（中鋒）。

(2) 戰術進行過程

如圖1－2－1所示，為了拉空防守內線，擴大進攻範圍，鄧肯主動拉到外線。與此同時，鮑文傳球給羅賓森，然後向內線插入，接羅賓森回傳球，準備投籃。

如圖1－2－2所示，當鮑文準備投籃時，遇防守補防，鮑文把球傳給外線隊友強生，然後給內線隊友羅賓森掩護。羅賓森利用掩護擺脫防守，移動到另一側的罰球區腰部，接強生的傳球，運用中鋒進攻技術進行攻擊。

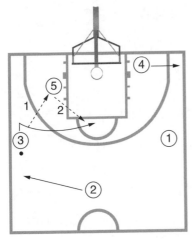

圖1－2－1 內外結合進攻方式

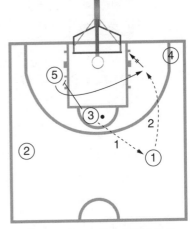

圖1－2－2 內外結合進攻方式

（3）戰術解析

這種進攻戰術的關鍵點在於：第一，進攻威脅由外到內、再由內到外的「調動」，使防守的陣型產生混亂，並出現「防守錯位」現象。第二，當對手混亂時，自己有計劃地透過掩護移動，創造進攻時機。第三，在內外結合的調動中，每一接球點的進攻威脅是調動防守移動、產生混亂的理由，「恰到好處」的傳球是創造進攻時機的關鍵。

三、「雙塔」策應進攻的方式

（一）「雙塔」策應內線進攻的戰術

1.「高低位」進攻戰術

（1）參戰陣容

①強生（控球後衛）；　②吉諾比利（攻擊後衛）；
③鮑文（小前鋒）；　④鄧肯（大前鋒）；
⑤羅賓森（中鋒）。

（2）戰術進行過程

如圖1－3－1所示，吉諾比利傳球給強生，與此同時，落位在底線的羅賓森突然「背插」到罰球線，強生傳球給羅賓森。

如圖1－3－2所示，當羅賓森接球之後，遭到防守夾擊，但是「潛伏」在低位的鄧肯，卻被防守忽略和疏漏。羅賓森乘機傳球給鄧肯，鄧肯乘虛攻擊。

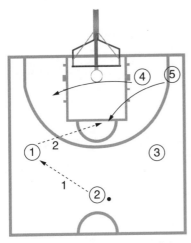

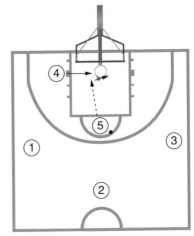

圖1-3-1 「高低位」進攻戰術　　　圖1-3-2 「高低位」進攻戰術

（3）戰術解析

這種進攻戰術的關鍵點在於：第一，兩名內線進攻隊員都是既能攻擊又能策應的全面型選手。第二，向罰球線傳球的及時與到位，是戰術成功的關鍵。

傳球隊員必須有強大的進攻威脅，否則不足以吸引防守包夾，也無法使低位隊友獲得有利的進攻位置；傳球隊員還必須具有很強的策應能力，否則不能及時、準確地傳球到位，也就無法使進攻戰術獲得成功。

2. 策應外線隊員內插攻擊的戰術

（1）參戰陣容

①強生（控球後衛）；　②吉諾比利（攻擊後衛）；

③鮑文（小前鋒）；　　④鄧肯（大前鋒）；

⑤羅賓森（中鋒）。

(2) 戰術進行過程

如圖1-4-1所示，強生傳球給吉諾比利，吉諾比利
具有極強的投、突能力，當他接球之後，引起防守重點關
注，並由此引起防守區域擴大。在此情形之下，吉諾比利
傳球給站在罰球線右側的羅賓森。

如圖1-4-2所示，羅賓森接球後引起防守圍堵夾
擊，恰在此時，強生給吉諾比利掩護，吉諾比利利用掩護
擺脫防守，向內線空插，羅賓森乘防守不備，巧妙傳球給
空插的吉諾比利，吉諾比利接球後順勢上籃攻擊。

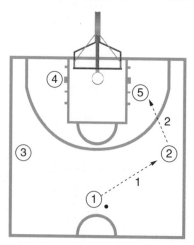

圖1-4-1 策應外線隊員內插攻擊戰術

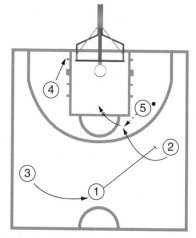

圖1-4-2 策應外線隊員內插攻擊戰術

(3) 戰術解析

這種進攻戰術的關鍵點在於：

第一，內線進攻隊員都是既能攻擊又能策應的全面型
選手。其進攻威脅可引起防守的關注，進而忽略對其他進
攻隊員的關注，使持球隊員發揮出「策應」的進攻作用。

第二，內線策應隊員與空插攻擊隊員之間必須有一種「默契」——空插攻擊隊員的行動必須「恰在其時」，策應隊員的傳球必須「恰到好處」。

（二）「雙塔」策應外線進攻的戰術

1. 高位擋拆突分遠投的進攻戰術

（1）參戰陣容

①強生（控球後衛）； ②吉諾比利（攻擊後衛）；

③鮑文（小前鋒）； ④鄧肯（大前鋒）；

⑤羅賓森（中鋒）。

（2）戰術進行過程

如圖1－5－1所示，吉諾比利傳球給強生，然後移動到左側；強生接球後運球到中路，鮑文由底線移動到右側位置。與此同時，落位在底線的鄧肯移動到另一側罰球區腰部，形成「二虎把門」的陣型。

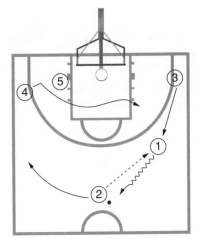

圖1－5－1 高位擋拆突分遠投進攻戰術

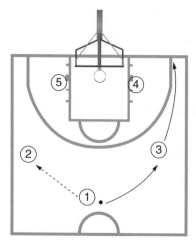

圖1-5-2 高位擋拆突分遠投進攻戰術　圖1-5-3 高位擋拆突分遠投進攻戰術

　　如圖1-5-2所示，強生傳球給吉諾比利，然後移動到右側；這一行動在客觀上為吉諾比利的進攻拉大了範圍。與此同時，鮑文移動到底角。

　　如圖1-5-3所示，羅賓森上提到高位給吉諾比利掩護，吉諾比利利用掩護運球突破。這一戰術行動迫使防守收縮甚至放棄對外線進攻隊員的防守。吉諾比利審時度勢地傳球給外線隊友強生，強生接球遠投。

　　(3) 戰術解析

　　這種進攻戰術的關鍵點在於：

　　第一，內線進攻隊員的上提掩護行動，在客觀上拉空了內線防守區域，給外線進攻隊員的運球突破攻擊，開創了良好的進攻環境。

　　第二，運球突破隊員必須具有極強的移動進攻能力，否則不足以迫使防守縮小佈防範圍，也不能為外線進攻隊

員創造遠投時機。

第三，進攻方接球隊員必須具有極強的中、遠距離投籃的能力。

2. 內外結合策應遠投的進攻戰術

(1) 參戰陣容

①強生（控球後衛）；　②吉諾比利（攻擊後衛）；

③鮑文（小前鋒）；　　④鄧肯（大前鋒）；

⑤羅賓森（中鋒）。

(2) 戰術進行過程

如圖1－6－1所示，吉諾比利首先傳球給鮑文，再由鮑文傳球給底角的強生；鮑文傳球後由右側移動到左側。與此同時，落位在左側的鄧肯利用羅賓森的掩護，「掛插」到另一側罰球區的腰部，形成「二虎把門」的進攻陣型。

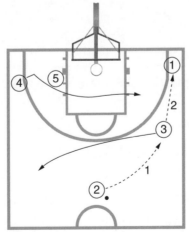

圖1－6－1　內外結合策應遠投進攻戰術

如圖1-6-2所示，底線持球的強生傳球給鄧肯，然後從底線移動到另一側底線。鄧肯具有極強的內線進攻能力，因此，鄧肯持球引起防守縮小佈防範圍，對鄧肯實施「包夾」防守。

如圖1-6-3所示，遭受防守「包夾」的鄧肯及時傳球給處於良好進攻環境的隊友鮑文。鮑文接球後被快速補防的防守隊員干擾，他沒有強行投籃，而是快速傳球給處於底線的強生。強生在無人干擾的情況下，穩定投籃。

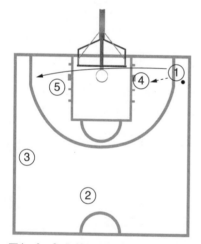

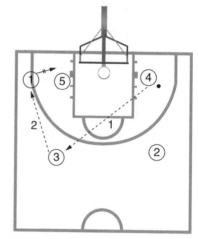

圖1-6-2 內外結合策應遠投進攻戰術　　圖1-6-3 內外結合策應遠投進攻戰術

（3）戰術解析

這種進攻戰術的關鍵點在於：

第一，內線進攻隊員的強大進攻威脅和策應助攻能力。如無強大的進攻威脅，則不能吸引防守包夾，並形成外線進攻隊員良好的進攻環境。如無極強的策應助攻能力，則不能在防守尚未「夾死」的一瞬間，及時傳球給外

線處於良好進攻環境的隊友。

第二，外線進攻隊員對攻防態勢的把握和對進攻時機的選擇。接第一次球的進攻隊員可以自己投籃，但隊友的投籃時機更好，捨棄自己進攻而形成更好的進攻時機，表現的不僅是整體進攻意識而且是對籃球進攻理論更深的理解。

四、本節結語

由對本節6種進攻戰術的解析，可以看到：第一，傳統「雙塔」進攻戰術的核心是內線「雙塔」的設置。兩名內線進攻隊員都是「能裡能外」的技術全面型選手。基於此，「雙塔」進攻陣容靈活自如，「雙塔」進攻戰術機動多變。第二，傳統「雙塔」進攻戰術具有多種進攻形式。他們可以在移動換位中進行籃下強攻，也可以在防守縮小佈防範圍的情況下，策應隊友進行外線攻擊；而外線隊友的攻擊包括外線遠投和由外到內的運球突破攻擊等多種方式。兩名內線進攻隊員之間也可以互相策應進攻。必須強調的是：多種進攻方式都基於「以內線進攻為主」的戰術思想。即使以外線攻擊結束進攻的方式，也可以理解為這是因為內線進攻具有威脅，才可能創造出良好的外線進攻時機。而有效率的外線進攻，可以創造更好的內線進攻時機，並且能更好地貫徹執行「以內線進攻為主」的戰術理念。第三，值得注意的是：傳統「雙塔」進攻戰術中包含「高位擋拆」為主的進攻方式，在這種進攻方式中，外線進攻隊員運球突破分球代替了內線進攻隊員策應分球的進

攻作用,兩種攻擊方式都起到迫使防守縮小佈防範圍的作用,又都能為外線進攻隊友創造良好進攻時機。這一特點,為新型的「雙塔」進攻模式開啟了先河。

第三節 新型「雙塔」進攻戰術

由一名善於「強攻硬打」的高大內線隊員和一名「能裡能外」的靈活型高大內線隊員組合而成的內線「雙塔」,以及圍繞內線「雙塔」設計的整體進攻方式,即為新型「雙塔」進攻戰術,或稱為「一強一靈」的「雙塔」進攻戰術。這種進攻戰術的陣容靈活性和戰術的機動性,遠遜於靈活型「雙塔」進攻模式,但是,新型「雙塔」進攻戰術的內線進攻威脅,卻更強於靈活型「雙塔」進攻組合。新型「雙塔」進攻戰術包括以下幾種方式。

一、「雙塔」內線強攻的進攻方式

(1) 參戰陣容

①費雪(控球後衛);　②科比(攻擊後衛);
③亞泰斯特(小前鋒);④加索(大前鋒);
⑤拜納(中鋒)。

(2) 戰術進行過程

如圖1-7-1所示,費雪傳球給亞泰斯特,亞泰斯特再傳球給拜納,然後繞著拜納向內線穿插;亞泰斯特的這一戰術行動有兩個意義:其一,可接拜納回傳球,上籃攻擊,形成局部「策應」配合。其二,亞泰斯特穿插後,使

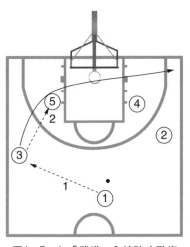

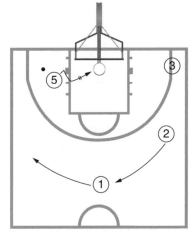

圖1-7-1 「雙塔」內線強攻戰術　　圖1-7-2 「雙塔」內線強攻戰術

持球隊員的進攻區域擴大，便於持球隊員運用進攻技術。

　　如圖1-7-2所示：拜納接球後並沒有傳球給穿插移動的亞泰斯特，當進攻區域拉開後，運用運球後轉身技術，強攻籃下。

　　(3) 戰術解析

　　這種進攻戰術的關鍵點在於：它是「三角進攻」戰術與「雙塔」進攻模式的有機結合。在局部範圍內創造良好進攻環境，是「三角進攻」戰術的精髓，而這種進攻方式，是「雙塔」進攻模式與「三角進攻」戰術的結合。之所以有這種結合，其根本原因是球隊具有內線強攻的傳統，但不足以形成內線主要威脅。因此，既要保持內線強攻的傳統，又要建立新的進攻模式。而這種內線強攻的進攻方式，就是在新的「雙塔」進攻模式中融入的「三角進攻」戰術因素。

二、「雙塔」互相策應攻擊的進攻方式（一）

(1) 參戰陣容
①費雪（控球後衛）；　②科比（攻擊後衛）；
③亞泰斯特（小前鋒）；④加索（大前鋒）；
⑤拜納（中鋒）。

(2) 戰術進行過程
　如圖1−8−1所示，費雪傳球給科比，科比接球後，防守上來逼防，科比順勢傳球給加索。
　如圖1−8−2所示，加索接球後，由於科比在近球一方，防守並未對加索實施圍堵逼防，加索從容地沿底線運球突破，遇防守隊員補防時，巧妙傳球給中鋒拜納，拜納接球上籃得分。

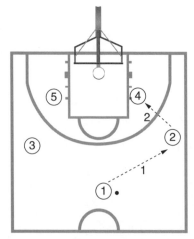
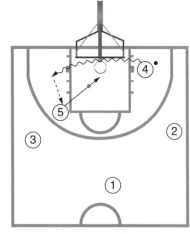

圖1−8−1 「雙塔」互相策應攻擊戰術　圖1−8−2 「雙塔」互相策應攻擊戰術

(3) 戰術解析

這種進攻戰術的關鍵點在於：

第一，在新型「雙塔」進攻模式中，內線進攻隊員互相策應攻擊的戰術，一般是由靈活型內線隊員擔任策應的任務，由「強攻硬打」的內線隊員擔任強攻任務。由此可以看出：新型「雙塔」進攻模式的靈活性和戰術的機動程度都不如傳統的「雙塔」進攻模式。

第二，內線進攻隊員之間的配合，雖然缺乏靈活與機動，但是攻擊的強度往往比傳統的「雙塔」進攻模式更大。

三、「雙塔」互相策應攻擊的進攻方式（二）

(1) 參戰陣容

①費雪（控球後衛）； ②科比（攻擊後衛）；

③亞泰斯特（小前鋒）；④歐登（大前鋒）；

⑤加索（中鋒）。

(2) 戰術進行過程

如圖 1－9－1 所示，費雪傳球給科比，科比接球後，防守上來逼防，科比順勢傳球給加索。

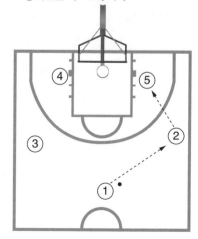

圖1－9－1 「雙塔」互相策應攻擊戰術

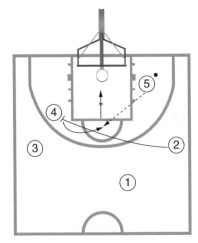

圖1-9-2 「雙塔」互相策應攻擊戰術

如圖1-9-2所示，科比傳球給加索後，馬上插到內線為歐登掩護，歐登利用掩護，從外側向內線插入，加索巧妙策應傳球給切入的歐登，歐登接球上籃。

(3) 戰術解析

這種進攻戰術的關鍵點在於：

第一，進攻陣容由兩個技術全面的靈活型內線進攻隊員組成「雙塔」，歐登不但可以策應助攻，而且還可以遠投3分，而加索的策應助攻能力尤為突出。因此，其進攻陣容的靈活程度尤勝傳統的「雙塔」進攻模式；這種「雙塔」進攻戰術的機動程度也勝過傳統的「雙塔」進攻模式。

第二，湖人隊的這種「雙塔」進攻模式並不是一種主要進攻模式，而歐登的實戰技術發揮水準並不穩定，湖人隊對這種「雙塔」進攻模式的信賴依靠程度也遠不如馬刺隊對傳統「雙塔」進攻模式。因此，這種新型的「雙塔」進攻模式並未發揮出其潛在的制勝價值。

四、「雙塔」低位策應攻擊的進攻方式（一）

（1）參戰陣容

①費雪（控球後衛）； ②科比（攻擊後衛）；
③亞泰斯特（小前鋒）； ④加索（大前鋒）；
⑤拜納（中鋒）。

（2）戰術進行過程

如圖1－10－1所示，
費雪傳球給亞泰斯特，然
後快速移動到底線，接亞
泰斯特回傳球。此時，費
雪、亞泰斯特和內線隊員
加索形成「三角形」占位，
並實施經典的「三角進
攻」戰術。

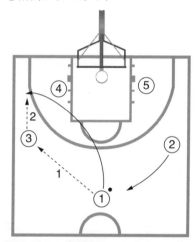

圖1－10－1 「雙塔」互相策應攻擊戰術

如圖1－10－2所示，
費雪接球後，傳球給內線
隊員加索，然後，快速移
動到另一側底線，形成利
於加索籃下強攻的態勢。
但是，防守方懾於加索進
攻威脅，對其實施「包
夾」防守。加索根據防守
變化，審時度勢地傳球給
外線隊友亞泰斯特。

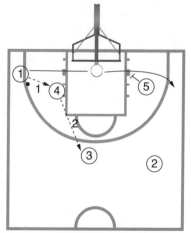

圖1－10－2 「雙塔」互相策應攻擊戰術

如圖1-10-3所示，亞泰斯特接球後準備投籃，但遇到防守快速補防，亞泰斯特快速傳球給科比。科比接球後遇到更快速的補防，科比快速傳球給移動到底線的費雪。此時，防守已無法實施有效的補防措施，費雪在無防守干擾的情況下，穩投3分球。

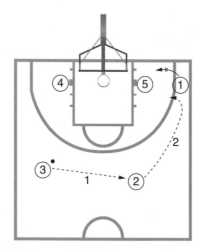

圖1-10-3 「雙塔」互相策應攻擊戰術

（3）戰術解析

這種進攻戰術的關鍵點在於：

　　第一，內線進攻隊員必須具有強大的進攻威脅。否則不足以迫使防守採取收縮防守的策略。

　　第二，內線進攻隊員必須具有良好的策應助攻的意識與技術，能夠在防守方已收縮防守又尚未形成「包夾」的瞬間，傳球給外線隊友，使其獲得良好的進攻時機。

　　第三，外線進攻隊員必須具有整體進攻意識和良好的選擇進攻時機的能力，必須能夠在防守擴大防區、輪轉換

位快速補防的情況下選擇最好的進攻時機，才能夠創造出最好的進攻時機，在無干擾或少干擾的情況下進攻投籃。

五、「雙塔」低位策應攻擊的進攻方式（二）

（1）參戰陣容

①法瑪爾（控球後衛）； ②科比（攻擊後衛）；

③布朗（小前鋒）； ④歐登（大前鋒）；

⑤加索（中鋒）。

（2）戰術進行過程

如圖1-11-1所示，科比傳球給法瑪爾，法瑪爾傳球給加索，防守方懾於加索的籃下進攻威脅，對其實施「包夾」防守，加索在防守尚未形成「包夾」的瞬間，傳球給另一側的布朗，取得有利的進攻態勢。

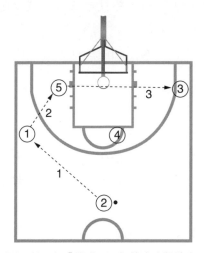

圖1-11-1 「雙塔」互相策應攻擊戰術

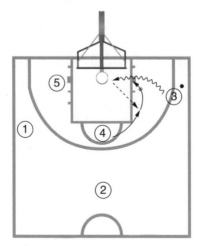

圖1-11-2 「雙塔」互相策應攻擊戰術

　　如圖1-11-2所示，布朗接球後，乘防守隊員快速補防失去合理的防守位置，快速運球突破（注：布朗的運球突破技術強於中、遠距離投籃技術，選擇運球突破即是選擇發揮自己的特長技術），遇對方內線防守隊員補防，巧妙傳球給由外向內空切的靈活型內線進攻隊員歐登，歐登接球上籃。

（3）戰術解析

這種進攻戰術的關鍵點在於：

第一，內線進攻隊員的策應助攻意識與技術能力。

第二，當獲得有利的進攻態勢後，選擇發揮自己的特長技術，唯有如此，才能給對手造成最大的進攻威脅，造成對手的防守混亂。在對手混亂的狀態中，打出合理、精

妙的戰術配合，創造進攻效益。

六、本節結語

由對本節5種進攻戰術的解析，可以看到：

第一，新型「雙塔」進攻模式有更多的籃下強攻方式；即利用「三角進攻」方式，使中鋒在罰球區兩側腰部區域獲得一對一的進攻環境，實施籃下強攻，直接創造進攻效益或造成對手犯規。

第二，「雙塔」中雖然只有一名內線高大隊員的策應，但它也大大加強了進攻戰術的機動程度，既可以實現兩名內線進攻隊員互相策應攻擊，又可以在防守方縮小防守區域時，傳球給外線隊友，創造無干擾或少干擾情況下的穩定投籃。

第三，新型「雙塔」進攻模式的籃下強攻方式，由於與「三角進攻」方式結合而更具有進攻威力。而內線隊員的策應助攻，又成為陣地進攻的「第二次組織」，使整體進攻機動、靈活，並且使控球後衛可以成為一個重要的攻擊點，從而在根本上打破了傳統的「位置」概念。

第四節 以「高位擋拆」形成內線攻擊威脅的進攻戰術

把以「高位擋拆」形成內線攻擊威脅的進攻方式歸納為一種新型的「雙塔」進攻模式，並不是因為一貫以「雙塔」進攻戰術為主要進攻方式的馬刺隊在大衛・羅賓森退

役之後，把以「高位擋拆」形成內線攻擊威脅的進攻方式作為主要進攻方式，而是因為：

第一，以「高位擋拆」形成內線攻擊威脅的進攻方式，以外線隊員快速運球突破的方式替代了高大內線隊員的籃下強攻，並能取得與籃下強攻相同、甚至超過籃下強攻的內線進攻效果。

第二，以外線隊員快速運球突破分球的方式替代了高大內線隊員的策應助攻，並同樣能起到迫使防守縮小防區，為外線進攻隊員創造良好進攻時機的戰術作用。更為重要的是，以「高位擋拆」形成內線攻擊威脅的進攻方式與「雙塔」進攻戰術一樣，它們都在忠實地貫徹執行著一種「以內線進攻為主」的戰術思想與戰術理念。

必須強調的是：在美國NBA籃壇，「高位擋拆」的進攻戰術已經成為一種主要的進攻方式，不僅新型的「雙塔」進攻模式運用它，「跑轟」進攻模式、普林斯頓進攻模式、甚至於新型的「三角進攻」模式也都把「高位擋拆」戰術配合作為一種有效的進攻手段而被重用。

但是，「雙塔」進攻模式主要把以「高位擋拆」為主的進攻方式作為形成內線進攻威脅的一種手段。

亦即：把快速運球突破攻擊替代籃下強攻；把運球突破分球助攻替代高大內線隊員籃下策應助攻。以新型的「移動型雙塔」進攻模式替代傳統的「雙塔」進攻戰術。這種全新的進攻模式包括以下幾種進攻方式。

一、「高位擋拆」後直接攻擊的進攻方式

(1) 參戰陣容

①派克（控球後衛）；　②吉諾比利（攻擊後衛）；

③鮑文（小前鋒）；　④鄧肯（大前鋒）；

⑤埃爾森（中鋒）。

(2) 戰術進行過程

如圖1－12所示：鄧肯上提「高位」給派克掩護，使防守左半區內線空虛，非常利於外線進攻隊員運球突破技術的發揮。派克利用鄧肯的掩護，從左側乘虛而入，直接快速運球突破上籃。

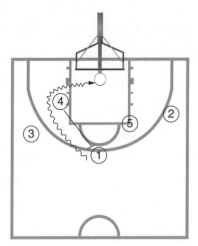

圖1－12　「高位擋拆」直接攻擊的進攻方式

(3) 戰術解析

這是馬刺隊第8套整體進攻戰術打法，這種進攻戰術的關鍵點在於：

第一，內線高大進攻隊員的上提掩護，為外線進攻隊員運球突破技術發揮創造了良好的進攻環境。

第二，派克運球突破技術，具有「以快制勝」的技術特點；具有變控球後衛為重要攻擊點的性質，這一性質具有打破位置概念的意義。派克的快速運球突破行動，是馬刺隊整體進攻戰術中以「外線內攻」的形式完成的重要內線攻擊行動。

二、「高位擋拆」後中鋒空插攻擊的進攻方式

(1) 參戰陣容

①派克（控球後衛）；　　②吉諾比利（攻擊後衛）；

③鮑文（小前鋒）；　　　④鄧肯（大前鋒）；

⑤奧博托（中鋒）。

(2) 戰術進行過程

如圖1－13所示，鄧肯與奧博托均上提到高位給派克掩護，兩名內線隊員上提的行動，完全拉空了防守的內線防區。派克先利用鄧肯的掩護，然後再利用奧博托的掩護，從左側防區快速運球向籃下突破，遇到內線防守隊員的頑強補防；恰在此時，上提到高位的鄧肯，趁防守的關注點集中在派克之時乘虛而入，接派克策應傳球，順勢上籃得分。

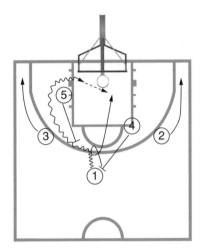

圖1-13 「高位擋拆」後中鋒空插攻擊戰術

（3）戰術解析

這是馬刺隊第4套整體進攻戰術打法，這種進攻戰術的關鍵點在於：

第一，外線隊員運球突破的攻擊行動，必須具有強大的攻擊威脅，否則不足以吸引足夠的防守關注度。

第二，內線進攻隊員的空插行動發生在脫離防守關注的遠側；空插行動具有乘虛而入的性質。

三、「高位擋拆」後策應攻擊的進攻方式

（1）參戰陣容
①費雪（控球後衛）；　②科比（攻擊後衛）；
③亞泰斯特（小前鋒）；④加索（大前鋒）；
⑤拜納（中鋒）。

(2) 戰術進行過程

如圖1-14-1所示,加索上提高位給科比掩護,科比利用掩護運球向內線切入,遇防守攔截,傳球給掩護後轉身插入的加索。

如圖1-14-2所示,加索接球後,以其強大的進攻威脅迫使防守對其實施「圍堵夾擊」;恰在此時,亞泰斯特趁機空插向籃下,加索恰到好處地傳球給亞泰斯特,亞泰斯特接球上籃得分。

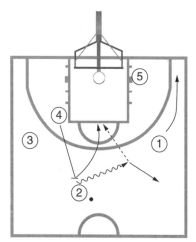

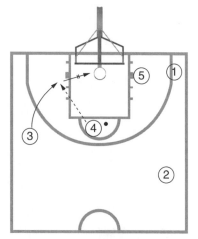

圖1-14-1 「高位擋拆」後策應　　圖1-14-2 「高位擋拆」後策應
　　　　　攻擊的進攻戰術　　　　　　　　　攻擊的進攻戰術

(3) 戰術解析

這種進攻戰術的關鍵點在於:

第一,靈活型內線進攻隊員策應傳球在整體進攻戰術中的「第二次組織」作用。

第二,當內線進攻隊員進行「第二次組織」時,其他

隊員必須會乘機進行攻擊行動。

第三，注重培養「戰術角色」轉換後，「組織中樞」與其他進攻隊員之間的戰術默契。

四、「高位擋拆」突分遠投的進攻方式

(1) 參戰陣容

①派克（控球後衛）；　②吉諾比利（攻擊後衛）；

③鮑文（小前鋒）；　　④歐瑞（大前鋒）；

⑤鄧肯（中鋒）。

(2) 戰術進行過程

如圖1－15－1所示，派克傳球給吉諾比利，然後向右側移動，為吉諾比利的運球突破行動提供更大的行動空間。同時，原先站在右側的鮑文移動到底線，使外線進攻隊員之間保持合理的間隔。

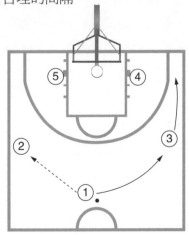

圖1－15－1 「高位擋拆」突分遠投
的進攻戰術

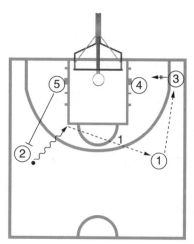

圖1－15－2 「高位擋拆」突分遠投
的進攻戰術

　　如圖1－15－2所示，鄧肯上提到左側高位給吉諾比利掩護，吉諾比利利用掩護從外線（右側）運球向內突破，遇防守攔截，傳球給派克；派克接球後快速傳球給底線的隊友鮑文。此時，鮑文處於防守方補防不及的良好投籃區域（底線是鮑文的習慣投籃區域），鮑文在防守補防不及的情況下，從容投籃。

　　(3) 戰術解析

　　這種進攻戰術的關鍵點在於：

　　第一，外線進攻隊員的運球突破行動，必須產生如同內線高大進攻隊員在防守內線區域接球一樣的內線進攻威脅。必須能夠迫使防守方縮小防守區域，從而為外線進攻創造良好的進攻時機。

第二，外線運球突破隊員必須能夠在防守尚未形成圍堵夾擊的瞬間，傳球給處於良好進攻時機的外線隊友，使進攻方處於佔據先機的有利位置。

　　第三，當處於佔據先機的外線進攻隊員得球後，應該選擇最好的投籃時機。這種選擇包括兩個因素：其一，選擇最能避開防守干擾的時機投籃；其二，選擇本隊投籃最準的隊員在他適合的區域、用他最習慣的方式投籃。

五、「高位擋拆」後中鋒策應遠投的進攻戰術

（1）參戰陣容
①費雪（控球後衛）；　②科比（攻擊後衛）；
③亞泰斯特（小前鋒）；④歐登（大前鋒）；
⑤加索（中鋒）。

（2）戰術進行過程

　　如圖1－16－1所示，加索上提「高位」為科比掩護，科比沿左側運球突破，遇防守攔截，傳球給轉身向內線插入的加索。與此同時，亞泰斯特從左側沿底線移動到右側。

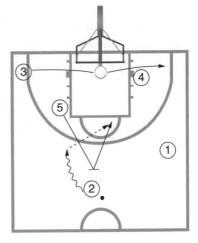

圖1－16－1　「高位擋拆」後中鋒策應遠投的進攻戰術

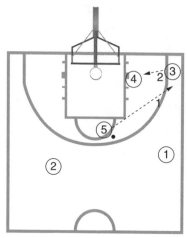

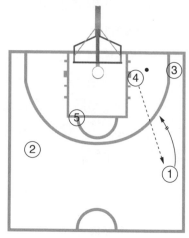

圖1－16－2　「高位擋拆」後中鋒策　　　圖1－16－3　「高位擋拆」後中鋒
　　　　　　　應遠投的進攻戰術　　　　　　　　　　　　策應遠投的進攻戰術

　　如圖1－16－2所示，接球後加索遇到防守攔截包夾，不能實現接球攻擊的戰術預想。但是，防守在實施包夾的同時，卻在防守外線露出破綻。於是，加索趁勢傳球給外線隊友亞泰斯特。此時，防守快速補防，亞泰斯特趁機傳球給處於「空位」的歐登。

　　如圖1－16－3所示，內線是防守的「家」，因此，歐登接球後遭到防守拼命補防，歐登趁勢再一次傳球給外線隊友費雪，費雪在無防守干擾的情況下，穩投3分。

　　(3) 戰術解析

　　這種進攻戰術的關鍵點在於：第一，這是一種傳統的內線策應遠投的進攻戰術和「高位擋拆」戰術有機結合的綜合性進攻戰術。因此，戰術進行過程也非常複雜和層次重疊。第二，合理地由外到內再由內到外的傳球調動，需

要進攻方審時度勢和足夠的耐心。在抓住攻守先機之後，通過內、外傳球，有效地調動防守，直到獲得最好的進攻時機。第三，在慎重選擇投籃時機的同時，一定要注意進攻時間的進程，避免進攻24秒違例。

六、本節結語

由對本節5種進攻戰術的解析，可以看到：

第一，以「高位擋拆」形成內線進攻威脅的進攻方式，以內線高大進攻隊員的大範圍移動，拉空防守內線區域；以外線進攻隊員運球突破直接攻擊，代替高大隊員籃下強攻；以外線進攻隊員運球突破分球，代替高大隊員在內線策應助攻。這種新型的進攻方式，比傳統的「雙塔」進攻方式，更要求具有靈活的進攻陣容，從而使進攻戰術更加機動、靈活。第二，進攻陣容的靈活性取決於內線高大進攻隊員的靈活性。因為，內線高大進攻隊員是整體進攻陣容的「身體重心」。當內線高大隊員行動敏捷、快速，並且掌握移動性內線進攻技術時（譬如：賈奈、史陶德邁爾、波許等隊員），則這種進攻陣容具有靈活性；這種進攻陣容能夠打出機動、靈活的進攻戰術（譬如：以「高位擋拆」形成內線進攻威脅等機動、靈活的「以內線進攻為主」的進攻戰術）。第三，進攻戰術的機動性並不等於戰術的實效性。亦即進攻陣容並不靈活的高大進攻陣容，也能打出實效性很高的進攻戰術。而獲得進攻實效性的關鍵在於：根據進攻隊員的技、戰術特長，構建進攻陣容和設計與其相適應的進攻戰術。

第二章 「跑轟」進攻戰術

　　「跑轟」進攻戰術是一種透過有計劃、有節奏、大範圍、長距離、多掩護的快速移動，創造投籃時機；以快、準、靈、活為進攻戰術特徵的「以外線進攻為主」的快速進攻戰術。

第一節 「跑轟」進攻戰術理念

一、一種反「傳統」的進攻戰術理念

　　內線優勢規律是籃球運動最根本的規律，也是美國籃球信奉的最根本的進攻理念。因此，內線優勢的爭奪成為籃球比賽中最激烈的爭奪。而獲得內線優勢並不是所有球隊（特別是那些不具有高大中鋒的球隊）都能實現的「夢想」。於是，兩種進攻思路由然而生：

　　其一，以移動式內線進攻的形式獲得移動中瞬間短暫的內線進攻時機，取代「固有的」以得到高大內線隊員而具有的內線優勢；以衝擊式內線進攻動作取代籃下「死打硬扛」。而運用這種進攻方式的典型代表就是太陽隊的中鋒史陶德邁爾。其二，在內線進攻具有最大的成功保險係數而又不具有爭奪優勢的前提下，既然激烈的內線爭奪

嚴重影響進攻效率（投籃命中率），而在進攻外線又可以創造「很少干擾」的投籃時機，並且三分線外的投籃可以獲得增多50%的進攻效率（這是一個可以彌補進攻保險係數低的重要因素）；那麼，追求「無或很少干擾」的外線攻擊，創造合理的外線進攻時機，並保持較高的投籃命中率，成為一種「不得不」取代「以內線進攻為主」的「以外線進攻為主」的進攻方式。

誠然，這是一種反「傳統」的進攻戰術理念。但是，它卻符合「從實際出發、因情施戰」的實戰原則。並且，「無或很少干擾」的外線投籃，同樣獲得了能提高投籃命中率的有利條件。它具有（並不等於）可以頂替「內線優勢」的進攻有利因素。而這種因素同樣可以取得制勝效果。這是一種在不擁有「內線優勢」的前提下，不盲目、不固執地去刻意進行內線爭奪，而是開闢另一條外線進攻制勝之路的、「否定之否定」的辯證進攻思維。

二、「跑轟」戰術的主要進攻時機

「跑轟」戰術的進攻時機主要出現在：

第一，在防守方由守轉攻時，對手在退防的過程中會出現「短暫的混亂狀態」，要嘛是無法找到確切的「防守對象」；要嘛是無法佔據有利的防守位置，難以建立有次序、多層次的防守陣型和整體防守體系。在這種「短暫的混亂狀態」中，防守方的主要防禦區域只能在進攻威脅最大的內線，卻無暇顧及廣大的外線防區，而此時也正是實施「跑轟」進攻戰術的最佳時機。設計在「混亂和無防

守」的情況下果斷投籃，並強調在投籃時全體「跟進隊員」衝搶籃板球，當這種快速進攻方式取得相應的成果時，則能建立堅定的投籃自信心，進而得到很高的進攻效率。這種進攻方式打破了「傳統」進攻理論的束縛。「傳統」進攻理論認為：在快攻時機失去之後，應該改變進攻速度，應當在佈置妥當進攻陣型之後，再進行陣地進攻，以避免出現混亂的進攻過程。但是，當「妥當」的進攻陣型佈置完成之後，對手鞏固的防守體系也建立起來；當一種進攻體系在雙方都佈置「妥當」的情況下無法獲得優勢時，那麼，進攻方在快攻至陣地進攻之間「短暫的混亂狀態」中實施「追著打」的進攻方式，就成為一種至關成敗的重要制勝方式。

第二，透過有計劃、大範圍、長距離、多掩護的移動戰術配合，創造「無或很少干擾」的外線投籃時機，或進行連續的運球突破，迫使防守方縮小防區，然後分球到外線已獲得「無或很少干擾」的投手，按照戰術設計的規定，接球後果斷投籃。

第三，準確的外線投籃，必然迫使防守方擴大防守區域，而隨著防守區域的擴大，「無或很少干擾」的投籃時機也必然減少，同時，防守內線的漏洞也隨之顯現。此時，進攻方的攻擊重點必須由外線轉到內線，進行「必要而必須」的內線進攻。唯有如此，才能符合「內外結合、避實就虛」的進攻取勝規律。但是，「跑轟」模式的內線進攻一定是「移動式」而不是「固定式」的，這種「移動式」內線進攻方式是由「跑轟」模式中鋒的身材及其進攻

技術類型所決定。史陶德邁爾是這類中鋒的典型代表。有效的內線進攻又迫使防守方重新採取縮小防區的策略。而當防守方縮小防區之時，則是再一次進行外線進攻的最佳時機。在進攻過程中，根據實戰情況，把攻擊重點由外線轉移到內線，再由內線轉移到外線，進行內、外結合的進攻重點轉移，是提高進攻效率的必要措施。但是，「以外線進攻為主」的球隊所進行的內線重點進攻，其目的在於迫使防守方縮小防區，從而獲得更好的外線進攻時機。這與「以內線進攻為主」球隊實施「內外結合」進攻重點轉移有著本質區別。

三、「跑轟」進攻模式的戰術特點

快、靈、活、準是「跑轟」模式最為顯著的進攻戰術特點。

1. 快

所謂「快」，首先是指「跑轟」球隊在比賽中組織的快攻次數明顯多於其他球隊。其次，是指「跑轟」球隊在快攻與陣地進攻的過渡階段，完全不留進攻方式的變換間隔，他們往往趁對手防守不到位時，實施快速攻擊。而不是在快攻轉入陣地進攻時，明顯地改變進攻節奏，以與快攻完全不同的「慢」節奏，平穩地過渡到陣地進攻。快攻與陣地進攻的過渡階段，是攻防雙方的「混亂期」，進攻方固然有忙亂之虞，但防守方更是混亂一團，形成不了預先設計的「對位防守」，搶佔不了有力的防守位置，難以

組織有次序的防守陣型和層次。進攻方能否以亂治亂，亂中求勝，關鍵在於他的進攻指導思想和他的亂中求勝攻擊之法是否訓練有素。「跑轟」球隊之所以能夠在快速攻擊中獲得顯著的進攻效益，恰恰是因為它擅長亂中求勝，恰恰是因為它擅長在對手防守不到位的情況下，實施快速攻擊，即實施「追著打」的進攻策略。

再次，「跑轟」球隊能實施快速進攻的策略，還因為它的組織後衛往往具有很強的進攻能力，往往直接參與陣地進攻。比如：當納許運球過前場後，直接利用隊友的掩護進行攻擊，這主要得益於納許本人具有很強的進攻能力。這種陣地進攻方式，許多NBA球隊都採用，這種陣地進攻方式是最直接的也是最快的陣地進攻方式。而在這一點上，太陽隊極大地加快了陣地攻擊的速度。

以上三點，形成了「跑轟」球隊進攻行動的快速鏈，三個環節之間環環相扣、珠聯璧合，使其整體進攻的速度大幅度提高。太陽隊主教練金德利說，太陽隊的每次進攻時間在7秒至12秒之間。由此可知，「跑轟」球隊的進攻速度明顯快於其他球隊。

2. 靈

所謂「靈」，決不是指「跑轟」進攻體系中某一個或幾個場上隊員能靈巧、快速地運用多種技術動作，而是指，場上五人靈巧地將多種技術融匯成一個整體的戰術靈動。而在這多種技術融匯成整體戰術的過程中，有兩個位置的進攻隊員起著至關重要的作用。

其一，是組織後衛的指揮作用。

例如：在太陽隊進攻戰術運行過程中，經常可以看到：當納許運用嫻熟運球技術突破對手防線時，全隊場上隊員都能心領神會地快速移動，從而形成在快速移動中精妙的戰術配合，創造合理的投籃時機。而在太陽隊整體進攻過程中，納許起到了不可取代的「審時度勢」「穿針引線」的核心作用。

其二，是中鋒的靈活性。

一個靈活的中鋒是形成一個靈活的進攻陣容的前提。因為中鋒是陣容整體的「身體重心」，中鋒行動的快速能導致陣容整體移動的快速，中鋒的靈活行動能產生陣容整體的靈活移動，中鋒的技術類型直接形成進攻陣容整體進攻戰術的類型。

例如：史陶德邁爾是一個行動快速、敏捷、靈活的中鋒。與其說太陽隊的「跑轟」戰術體系需要這種類型的中鋒，不如說是這種快速、靈活型的中鋒決定了「跑轟」戰術是太陽隊最適合的進攻戰術。史陶德邁爾造就了陣容的靈活、戰術的機動。使太陽隊進攻陣容運用「跑轟」戰術如魚得水，使太陽隊與「跑轟」進攻戰術水乳交融。

3. 活

所謂「活」，是指能夠根據實戰情況，靈活選擇適用的進攻戰術。它包括三個層次的含義。

其一，個人技術運用「活」。

這是指：個人在運用技術時，能夠根據場上情況，靈

活改變所運用的技術動作。

例如：當一名隊員正準備投籃時，突然發現隊友的進攻時機更好，於是「改投為傳」，改直接進攻為助攻。這種「隨機應變」，在「跑轟」模式太陽隊組織後衛納許的技術表現中，比比皆是。

其二，在實施進攻方式的過程中，進攻點的選擇「活」。

例如：太陽隊納許在運球突破中，其餘四人都是移動中蓄勢待發的進攻點。納許可以隨心所欲地選擇競技狀態最好且投籃時機最好的「進攻點」，完成戰術配合。

其三，在整體進攻戰術打法中，靈活選擇最適用的進攻方式。

例如：「跑轟」模式太陽隊在實施「高位擋拆」中，可以從高位運球突破開始，進行「內線外投」的進攻方式，還可以從高位運球突破開始，進行中鋒衝擊式內線攻擊；還可以從高位運球突破開始，再由內傳外進行遠投等等。

4. 準

「準」是指外線投籃準，它是實施「跑轟」進攻戰術的前提。當運用「跑轟」進攻戰術創造出良好的進攻時機時，但是卻投不準，試問，「跑轟」進攻方式又有什麼價值？它所創造的良好進攻時機又有什麼意義？因此，只有外線投籃準，才能實施「跑轟」進攻戰術。它包含著三個層面的意義。

其一，技術層面

它是指投籃者本身投籃技術水準高，能掌握正確的投籃動作和具有在比賽中正確完成技術動作、正常發揮技術水準的能力。

其二，戰術層面

它是指透過戰術配合，創造良好的投籃時機。只有透過合理、有效的戰術配合，創造和選擇最好的投籃時機，創造「無或很少干擾」的投籃時機，才能保證較高的投籃命中率。

其三，心理層面

影響投籃準確性的心理因素很多，其中最主要的有：

第一，擔憂無籃板球而影響投籃果斷出手的心理因素；

第二，習慣於以外線投籃為創造主要進攻效益的心理適應因素；

第三，「屬於自己」的投籃方式、投籃區域與戰術創造的投籃時機產生衝突時，形成心理平衡的因素等等。只有解決了技術、戰術、心理三個層面的問題，才能使整體進攻陣容獲得準確的外線投籃命中率，才能更好地實施「跑轟」進攻戰術。

綜上所述，可以清楚地看出：「跑轟」進攻模式以「追著打」「由外向裡」移動性進攻戰術配合產生的有衝擊力的內線攻擊、以及「由裡向外」連續快速運球突破分球創造外線投籃的外線攻擊，構建了一種快速、多點、機動的「以外線進攻為主」的進攻模式。

第二節 「跑轟」戰術的快攻與 「追著打」的進攻方式

　　當防守方由守轉攻時，對手在退防的過程中，會出現「短暫的混亂狀態」，難以建立有次序、多層次的防守陣型和整體防守體系。

　　由攻轉守一方在「短暫的混亂狀態」中，其主要防禦區域只能在進攻威脅最大的內線，卻無暇顧及廣大而又遙遠的外線防區。此時，進攻方採用的快速進攻方式統稱為快攻與「追著打」的進攻方式。

　　其中快攻是指：由守轉攻時，乘對手尚未及時退防，以「脫空」上籃或「以多打少」等快速結束戰鬥的進攻方式，稱為快攻。

　　當快攻時機失去之後，防守方並未完全脫離「短暫的混亂狀態」，此時，進攻方不改變進攻節奏，而是進行以外線投籃為主的「乘亂進攻」。這種乘對手「落腳未穩」果斷攻擊的進攻方式，稱為「追著打」。

　　當今NBA賽壇，幾乎所有球隊都普遍運用快攻與「追著打」的進攻方式。所不同的是：其他球隊主要在「追分時段」實施「追著打」進攻方式，而在比賽的主要時段，當快攻時機失去之後，均改變進攻節奏，進行陣地進攻。與此全然不同的是：「跑轟」模式以「追著打」為主要進攻方式。

　　快攻與「追著打」進攻方式主要分為如下幾個階段。

一、「跑轟」戰術快攻與「追著打」的發動方式

「跑轟」進攻模式的快攻與「追著打」的發動方式主要有三種。

(1) 重點接應人方式

由重點接應人發動快攻的方式，是目前NBA球隊發動快攻的主要方式，也是「跑轟」進攻模式發動快攻的主要方式。例如：太陽隊的發動快攻主要運用這種形式（圖2—1）。太陽隊的快攻重點接應人是納許。

在一般情況下，無論是誰搶得後場籃板球，都首先尋找納許，並快速傳球給他。由納許運球、快速短傳或長傳過前場，完成快攻的發動。納許接應球的區域不限。一般情況下，納許往往在持球人最易傳球的區域（後場持球人所在的一側）。當防守方封阻持球人時，納許快速移動，主動接近持球人，接球後運球推進前場，發動和組織快攻。

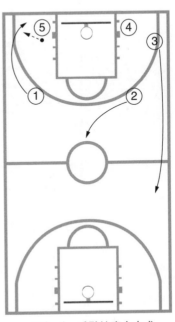

圖2—1 重點接應人方式

(2) 快速傳球給中場接應人發動快攻的方式

「跑轟」進攻模式在實戰中往往採用由中場接應人接「一傳」的方式發動快攻。例如：太陽隊快下隊員巴伯沙或希爾往往在中場附近接「一傳」，當搶到後場籃板後，持球者往往能直接傳球給快下人（巴伯沙或希爾），然後，由快下人進行快攻強打（圖2－2）。

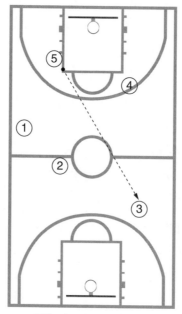

圖2－2　中場接應人方式

在上述兩種快攻發動形式中，第二種發動形式的推進過程，一經發動，就由快下人運球直接進行攻擊，所以其推進過程在一般情況下不會發生變化。而由重點接應人（納許）接球發動快攻的推進方式，卻蘊含著多種演變形式。

二、「跑轟」戰術快攻與「追著打」的推進方式

「跑轟」模式的快攻推進方式有：長傳推進、短傳推進、運球推進三種方式。

(1) 長傳推進

第一種快攻的推進方式是長傳快攻。例如：太陽隊納許接球後長傳發動快攻，納許往往能在接球後，敏銳觀察到隊友在快下中獲得的有利攻擊時機，迅速做出恰到好處的傳球，使隊友搶攻得手。例如：在2006—2007賽季太陽隊對馬刺隊的比賽中，納許在後場直接傳球給快下的馬里安，兩人打出了一次長距離的「空中接力」。

(2) 短傳推進

第二種快攻的推進方式是短傳快攻。例如：納許接球後短傳發動快攻。巴伯沙與希爾都有在中場附近接球的戰術安排。當納許接球後，能迅速發現「潛伏」在中場附近的隊友，然後，迅速傳球給他們，由他們進行快攻結束階段的攻擊。

(3) 快速運球推進

第三種快攻的推進方式是快速運球推進。例如：納許接球後運球發動快攻。納許經常直接運球推進到前場，並且在防守疏忽的時候，直接進行遠投或運球急停跳投進行攻擊。目前NBA比賽中快攻的主要推進方式是運球推進的方式。傳統籃球理論認為：在快攻中，首先要求在發動階段一定要突出一個「快」字，即一傳接應快，運球推進快，以最短的時間，最簡捷的方式，快速完成快攻攻擊

前的準備過程。而一到快攻的攻擊階段，反而不應該一味追求攻擊的速度，而應該追求攻擊的品質，追求攻擊的成功率。如果在此時一味追求攻擊速度，則容易忙中出亂、忙中出錯，造成不必要的失誤，以至於浪費掉良好的攻擊機會。因此，在快攻階段，應該強調的是認清攻擊的局勢，準確地把握最恰當的攻擊時機，選擇準確攻擊的方向和時機。而要做到這一點，反而需要強調一個「慢」字。因為，只有「慢」，才能在亂作一團的混亂局面中，清醒地、準確地觀察到防守的薄弱之處，並做出最恰當的攻擊選擇，實施最合理的攻擊。

縱觀NBA諸強的快攻過程，當搶到後場籃板球由守轉攻之時，仍然是強調一傳接應快；而當重點接應人持球之後，卻更多是以一種相對慢的速度推進。

這說明：NBA現行的快攻理論已經把快攻的攻擊階段提前到重點接應人持球之後，即一旦重點接應人持球，則快攻已進入攻擊階段。這種最新的快攻理念，解釋了目前NBA諸強在快攻中「慢」推進的現象：當以重點接應人最先持球所在區域（後場）開始計算快攻攻擊階段時，則攻擊的範圍更大，防守方由攻轉守後出現混亂的時間更長，防守方因混亂暴露的薄弱環節更多，而進攻方可以乘勢攻擊的機會更多。

可以這樣認為：「慢」節奏的運球推進，可以清楚地觀察到場上局面，可以清楚地看到敵我雙方攻防進行的程度，清楚地知道己方隊員哪一點已是最好的攻擊機會，然後準確地發動最後的攻擊。「慢」節奏的運球推進，產生

清楚的觀察，產生冷靜的判斷，進而產生正確的戰術行動選擇，產生較高的攻擊成功率。

NBA比賽中快攻的實踐證明，快攻不但要以快治慢，更要強調快中以慢治亂，唯其如此，才能有效地提高快攻成功率，實現快攻的最大價值。

「跑轟」進攻模式之所以攻擊的速度快、攻擊的次數多，其中一個主要原因是因為他們進行快攻與「追著打」的次數多，而它之所以能進行多次快攻與「追著打」，與他們以多種形式酌情運用發動快攻有極為重要的關係。

首先，他們可以根據雙方不同的態勢，發動各種形式的快攻。不僅能發動「以多打少」的快攻，還能充分利用對手退後以後出現的混亂狀態，進行「以少打多」的「追著打」攻擊。

如此打法，既可以充分發揮「跑轟」進攻模式快速靈活進攻方式的攻擊特長，又能充分發揮外線隊員（巴伯沙等）乘亂以少打多的技術特點，還能拉動對手進入自己習慣的比賽節奏，進行一場以快對快，以亂對亂的比賽。而在這種比賽節奏中，可以盡情發揮自己快速靈活、以亂治亂的技術優勢，使對手失去習慣的節奏，抑制其技術特長的發揮，使其陷入一種被制約的比賽過程之中。

三、「跑轟」戰術快攻與「追著打」的攻擊方式

1. 快攻與「追著打」的攻擊路線

傳統快攻理論一直強調：在快攻完成階段，應形成

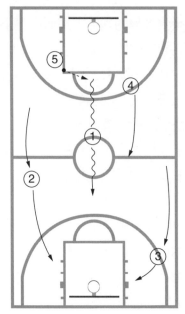

圖2-3　三線快攻路線

「三線攻擊」的線路，以形成整體平面打擊（圖2-3）。

　　這種理論的實質是：它認為「快攻是由一部分人參與的局部進攻行動」。但是，「跑轟」進攻模式卻認為：快攻是全體進攻體系共同參加的快速進攻行動；快攻是最為重要的進攻行動。在如今比賽對抗更加激烈、攻守轉換速度愈來愈快的情況下，「三線快攻」顯然已不能形成以多打少的有利局面了，而是需要增加快攻中的「突分外傳遠投」和高大內線隊員「後續跟進攻擊」這兩個新的內容，才能實現快攻的更大價值。這就需要把傳統的、整體平面、以多打少的「三線快攻」理論，增加為整體立體的「四線快攻」理論。

　　在比賽實踐中，由於攻守轉換速度加快，以多打少

的快攻局面越來越少，但是，退守中的慌亂無序狀態依然存在。從理論上講，進攻隊員忽然成為被逼防的對象，人的意識轉換以及由此外化的行為，都存在一個轉化過程。因此，攻守轉換中短暫的失人和失去合理防守位置是不可避免的。在攻守轉換中產生的慌亂無序，其根本原因就在於這種防守失人失位的情況存在。而退守中慌亂無序的程度，取決於「找人、尋位」的時間，越快找到所防之人和回到合理的防守位置，則慌亂無序的程度越輕。

快攻的目的，是要充分利用攻守轉換時防守出現的慌亂無序狀態，不管在慌亂無序狀態中退守的人少於參加攻擊的人，還是等於甚至是多於直接參加攻擊的人，都要以有計劃、有目的、有步驟的快速打擊，打擊防守方在退守中的慌亂無序狀態，因為快攻的進程，並不由於防守退防的人多而結束，而真正快攻的結束，應該在防守方慌亂無序狀態完全消失之時。在此之前，快攻應該不間斷地持續進行。

因此，快攻的攻擊路線僅僅是平面的三線攻擊是完全不夠的。快攻的路線決不可能只限於三線，也不可能是機械的。而應該是隨機的和隨防守的狀態而不斷變化著的，其中最顯著的變化，是高大內線隊員由快速移動，實施跟進攻擊。這便是進攻線路的第四條線，正是由於這條線的存在，使快攻線路立體化。

(1)「跑轟」戰術的「隨機」攻擊路線

「跑轟」進攻模式的快攻和「追著打」的攻擊路線，是隨機的，是隨防守方狀態變化而變化的。既有「以多

打少」，也有「以少打多」，而不是只侷限於「三線快攻」。唯有如此，才能展現「跑轟」進攻模式既不盲目「亂打快攻」，又不放過任何可能進行快攻的老練而狠辣的戰術風格。值得注意的是，當「多線快攻」出現時，快下隊員並不是一味衝向籃下，而是有意留在三分線外，等持球隊員直接攻擊受阻時把球傳出，接球後在外線定點投籃。例如：在實戰中，當納許運球推進時，希爾、巴伯沙都會快下或有意留在外線「自己的投籃點」上，等防守方攔截時，接納許的傳球投籃。當巴伯沙在中場接球後快速運球突破時，希爾、納許等隊員則會有意留在外線「自己的投籃點」上，接巴伯沙由內向外的傳球，果斷投籃。

(2)「跑轟」戰術的「四線快攻」路線

因為「跑轟」進攻模式把快攻看成是一個整體進攻行動，所以其高大內線隊員都積極快速跟進攻擊，從而使其快攻路線形成立體的「四線快攻」。例如：太陽隊的內線快下隊員主要是史陶德邁爾和馬里安等高大隊員。正是因為史陶德邁爾和馬里安等高大隊員的快下，使太陽隊的攻擊路線形成「四線快攻」的立體攻擊路線。

2.「跑轟」戰術的快攻與「追著打」的攻擊方法

「跑轟」進攻模式快攻與「追著打」的攻擊方法包括：「三個波次攻擊」。在實戰中，「三個波次攻擊」在「四條線路」上隨機進行。

(1) 第一波次攻擊

當搶到籃板球「一傳」之後，希爾或巴伯沙沿邊線快

下速度很快，能迅速在兩翼形成快攻的攻擊「尖刀」。由納許快速運球推進或把球傳給希爾、巴伯沙，納許運球急停投籃、由希爾、巴伯沙快速運球上籃或快速運球急停投籃，完成太陽隊快攻的第一波次攻擊（圖2－4）。

(2) 第二波次攻擊

當「第一波次攻擊」受阻時，納許或希爾、巴伯沙改直接攻擊為運球突破分球，將球傳給正在外線已做好充分準備的「潛伏」隊員或內線高大「跟進」隊員（圖2－5）。而「跑轟」進攻模式的高大跟進隊員敢於果斷外線投籃，使其快攻和「追著打」進攻方式具有更大的進攻威脅。

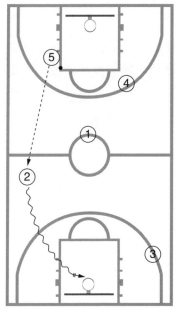

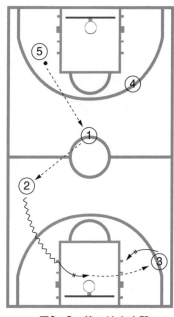

圖2－4　第一波次攻擊　　　　圖2－5　第二波次攻擊

此時退防的防守隊員，退至罰球區附近，其防守關注的重點，是各種形式的籃下攻擊，而無暇關注外線遠投。

　　(3) 第三波次攻擊

　　在快攻過程中，由快速運球突分與外線遠投組成的「第二波次攻擊」配合，儘管不易防守，但這種外線攻擊的成功率，遠不如快速跟進的高大內線隊員空切籃下，實施籃下攻擊的成功率高。

　　當外線「潛伏」隊員持球準備投籃時，防守的注意力已由罰球區附近轉移到持球投籃點。此時，從後面快速跟進的高大內線隊員，恰好到達罰球區附近，他們正好利用防守注意力不在他們身上的瞬間，快速空插到籃下。

　　而外線準備投籃的隊員，改遠投為傳球，乘機傳球給空插到籃下的高大內線隊員，實施快攻過程中「第三波次」在行進間對籃下的移動進攻（圖2-6）。

　　綜上所述，可以看出：「跑轟」進攻模式的快攻，由三個波次，四條線路構成。

　　第一波次是快攻搶攻，當搶攻不成，改強行上籃為運球突破分球，形成快攻過程中的突分遠投配合，

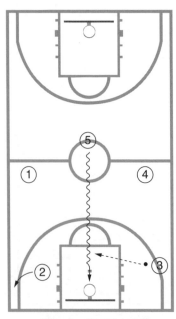

圖2-6　第三波次攻擊

是快攻過程第二波次攻擊。

與此同時，跟進的高大內線隊員乘機空切籃下。一方面可衝搶前場籃板，另一方面，遠投隊員可改投為傳，把球傳給切向籃下的高大內線隊員，實施衝擊式籃下強攻，這是快攻第三波次的攻擊。

四、本節結語

在快攻中實施「三波段、四線攻擊」的攻擊方式，旨在充分利用對手由攻轉守時的慌亂無序狀態，實施連續不斷的層次性攻擊，運用搶攻，突分遠投，高大內線隊員衝擊式空插上籃等攻擊手段，形成整體立體攻擊體系。使用此種打法，應該基於兩種考慮：

其一，防守處於慌亂無序狀態，但進攻一方的組織與行動也遠沒有陣地進攻那樣有序，此時攻擊是「以亂制亂」的攻擊。作為進攻方，應考慮本隊「以亂制亂」的能力。以太陽隊而論，當巴伯沙在場上時，太陽隊快攻次數明顯增多。由此可知，太陽隊的巴伯沙是一個乘亂攻擊的好手，當他在場上時，太陽隊「以亂制亂」能力明顯增加。

其二，進攻方應考慮「以亂制亂」的攻擊成功率與陣地進攻的攻擊成功率相比哪一個更高。太陽隊是一支快速進攻成功率很高的球隊。在太陽隊進攻陣容中，納許、希爾、巴伯沙都是乘亂攻擊的好手，太陽隊快攻與「追著打」的進攻成功率高於陣地進攻。因此，太陽隊把快攻和「追著打」的進攻方式作為主要進攻方式之一。

第三節　移動掩護投籃的進攻方式

移動掩護投籃的進攻方式，是NBA賽場非常流行且實用的進攻戰術。其進行方式為：

當控衛持球時，投籃隊員由長距離、大範圍、多掩護的快速移動，擺脫其「對位」防守隊員，獲得「設計中的」投籃時機，然後接球投籃的進攻戰術。在一般情況下，戰術指揮和投籃兩項主要工作，都由「專職人員」擔任。而這種由「專人專職」承擔的進攻戰術，也相對容易被防守方「重點防守」的策略所破壞。

但是，「跑轟」進攻模式的移動掩護投籃進攻方式與其他進攻模式有明顯區別：「跑轟」進攻模式的移動掩護投籃進攻方式更為機動、靈活。

其中最為關鍵的一點是：它的投籃點設置更多、更靈活，其中控衛既是戰術「指揮官」又是「投籃手」，他在指揮戰術進行的同時又在完成戰術最主要的工作。這種設置使這一戰術靈活多變，使防守方的「重點防守」策略失去「預定目標」。

例如：太陽隊的移動掩護投籃進攻方式，納許既是戰術指揮者，又是投籃手。他在指揮其他隊友移動掩護投籃的同時，自己隨時準備投籃。使對手很難建立「重點防守」的有效設置。「跑轟」進攻模式的移動掩護投籃進攻方式具體實施方式有以下幾種。

一、長距離、大範圍、多掩護移動接球投籃的 進攻方式

（一）為「專門投籃人」設計的移動掩護投籃進攻方式

（1）參戰陣容

①納許；　　　　　　②理查森；

③希爾；　　　　　　④弗萊；

⑤史陶德邁爾。

（2）戰術進行過程

如圖2-7-1所示，希爾傳球給納許，納許又回傳球給希爾，與此同時，右側的理查森悄悄移動到內線，與弗萊一起，形成「雙人掩護」。

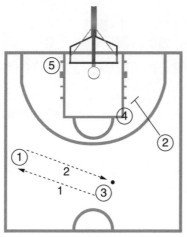

圖2-7-1 「專門投籃人」移動
掩護進攻方式

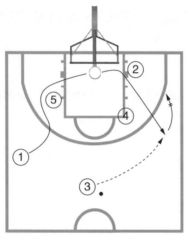

圖2-7-2 「專門投籃人」移動
掩護進攻方式

　　如圖2-7-2所示，納許回傳球給希爾後，利用史陶德邁爾和弗萊、理查森（「雙人掩護」）兩次掩護，迅速沿底線移動到另一側，接希爾傳球後，果斷投籃。

　　(3) 戰術解析

　　這種進攻戰術的關鍵點在於：第一，擔任掩護任務的隊員，其行動要隱蔽，與移動投籃人之間要有「默契」。既要幫助移動投籃人擺脫防守，又不能犯規。第二，「專門傳球人」與「專門投籃人」之間要有「默契」，投籃人要快速移動、擺脫防守、及時到位；傳球人要恰在其時地傳球到位，使投籃人在擺脫防守的瞬間接球投籃。

　　值得注意的是：由於「跑轟」進攻模式的「專門傳球人」本身也是投籃手，所以，防守方在防守「專門傳球人」時，還必須注意其本人的進攻企圖。這就使防守增加了難度，從而使進攻方實施此戰術時，更加從容自如。

（二）由「控衛」自己投籃的移動掩護投籃進攻方式

(1) 參戰陣容

①納許；　　　　　　②理查森；

③杜德利；　　　　　　④弗萊；

⑤史陶德邁爾。

(2) 戰術進行過程

如圖2-8-1所示，納許傳球給弗萊，然後向內線縱插。與此同時，杜德利悄悄移動到內線，與史陶德邁爾形成「雙人掩護」。納許縱插快到底線時，突然利用史陶德邁爾和杜德利的「雙人掩護」，拉到右側外線，獲得擺脫防守的瞬間投籃機會。

如圖2-8-2所示，當弗萊持球時，迫使防守方縮小防守範圍，不得不放鬆對外線的防守。此時，納許恰恰在

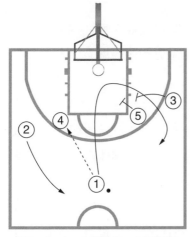

圖2-8-1　由「控衛」自己投籃
的移動進攻方式

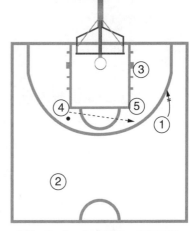

圖2-8-2　由「控衛」自己投籃
的移動進攻方式

右側外線獲得投籃時機，於是弗萊按照戰術設計，傳球給納許，納許接毬果斷投籃。

(3) 戰術解析

這種進攻戰術的關鍵點在於：第一，弗萊持球後要有進攻動作，迫使對手縮小防守區域，給外線隊友創造良好的進攻環境。第二，「控衛」與給他掩護的隊友要有「默契」，掩護的隊員既要形成掩護，又要防止犯規。「控衛」的擺脫動作要突然，突然拉到外線，才能充分利用隊友的掩護，獲得外線投籃時機。第三，內線持球人與「控衛」之間要有「默契」，內線持球人必須在防守縮小防區和「控衛」獲得投籃時機的同一時間，傳球給「控衛」，使「控衛」在外線穩定投籃。

二、移動後再配合攻擊的進攻方式

(1) 參戰陣容

①納許；　　　　　　　②理查森；

③希爾；　　　　　　　④史陶德邁爾；

⑤羅培茲。

(2) 戰術進行過程

如圖2－9－1所示，史陶德邁爾在納許運球過前場後迅速上提給理查森掩護，理查森利用掩護，由外向裡「空切」，納許快速傳球給理查森。

如圖2－9－2所示，理查森在罰球線附近接球後，羅培茲上提掩護，兩人在罰球線附近進行「擋拆」配合，理查森利用羅培茲掩護運球突破上籃得手。

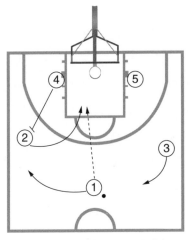 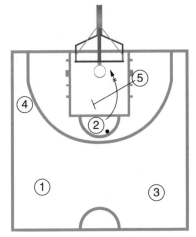

圖2-9-1 移動後再配合攻擊　　　圖2-9-2 移動後再配合攻擊

(3) 戰術解析

這種進攻戰術的關鍵點在於：第一，戰術配合之間的連續性。移動掩護配合與「擋拆」配合之間要緊密連接。罰球線附近是防守的重點防區，如果進攻配合之間不能緊密連接，就會陷入防守方的緊逼「陷阱」。第二，戰術連續性的關鍵點在於羅培茲的上提時間。羅培茲必須在理查森接球未被夾擊之時，上提掩護，使理查森能順利擺脫防守，利用掩護進行攻擊。

三、內線隊員移動掩護攻擊的進攻方式

(1) 參戰陣容

①納許；　　　　　　②理查森；

③杜德利；　　　　　　④史陶德邁爾；

⑤羅培茲。

(2) 戰術進行過程

如圖2－10－1所示，當納許運球過前場之後，史陶德邁爾和羅培茲迅速上提，形成高位雙掩護，納許利用掩護，從史陶德邁爾一側運球突破，遇防守方多人攔截，改運球突破上籃為傳球，將球傳給右側外線的理查森。傳球後，納許移動到左側，杜德利移動到中場高位。

如圖2－10－2所示，已在高位的羅培茲主動給史陶德邁爾掩護，史陶德邁爾利用羅培茲的掩護，向有球一側空插；理查森乘機傳球給史陶德邁爾，史陶德邁爾接球後運球上籃。

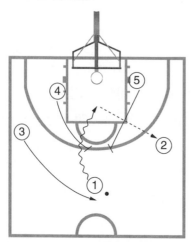

圖2－10－1　內線隊員掩護攻擊

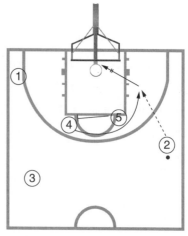

圖2－10－2　內線隊員掩護攻擊

(3) 戰術解析

這種進攻戰術的關鍵點在於：第一，高位擋拆配合必須達到迫使防守方縮小防區的戰術目的，而納許的運球突破分球又必須迫使對手快速擴大防區，經過「由外到內」

再「由內帶外」的戰術調動，迫使防守方出現嚴重疏漏。第二，在由外線隊員傳球給內線移動隊員的戰術行動中，兩人應該建立一種戰術默契，接球進攻人的空插動作要快速猛烈，傳球人要「人到球到、恰到好處」。惟其如此，才能實現這種瞬息即逝戰術配合的進攻效果。

四、本節結語

經由對本節4種進攻戰術的解析，可以看到：移動掩護投籃的進攻方式是一種專門為「神投手」設計的外線進攻方式。這種進攻方式是否具有強大的功效的根本原因在於：

第一，每個戰術步驟的設置是否嚴謹、合理。諸如每次掩護是否具有成效，投籃手的移動是否迅捷和能夠擺脫「對位防守」，當投籃手獲得投籃時機時，球是否能「恰到好處」傳到，投籃手能否把投籃時機轉換為得分效果。但是，即使這種戰術的所有步驟設置都嚴謹、合理，也難免在多次使用之後，被防守方識破和破解。

第二，當防守方識破和破解了為某一個「神投手」設計的移動掩護投籃方式之後，還能否繼續使用這種戰術的主要因素在於：這種戰術本身具有的機動性。這種機動性包括：一種進攻方式的變換方向使用；不同投籃手使用同一種進攻方式。而在這兩種機動性中，最具有實效性的是：不同投籃手使用同一種進攻方式。「跑轟」進攻模式的移動掩護投籃進攻方式，既能靈活地改變進攻發動方向，又能靈活地改變「專門投籃手」，並且作為掌控戰術

進程的「控衛」，也能出任「專門投籃手」。因此，「跑轟」進攻模式的移動掩護投籃的進攻方式，在實戰中更具有實效，並在實戰中被更廣泛運用。

第四節　連續「擋拆」的進攻方式

「跑轟」進攻模式運用「擋拆」配合，明顯有別於其他戰術體系運用「擋拆」配合。「跑轟」進攻模式運用「擋拆」配合是以獲得外線投籃時機為主要戰術目的，而不是以突破上籃或傳球給中鋒籃下攻擊為主要戰術目的。

由此可以看出：「跑轟」進攻模式的戰術理念是「以外線進攻為主」，而徹底背離「以內線進攻為主」的美國籃球傳統進攻思想。

「跑轟」進攻模式之所以執行「以外線進攻為主」的戰術原則，根本原因在於其整體進攻戰術模式的組成人員相對過於「矮小」，因此，它無法獲得過多的內線進攻時機，而只能把攻擊的重點放在外線。

這也決定了「跑轟」進攻模式的「擋拆」配合往往在掩護運球突破之後，持球人更多地把球傳到外線。而外線隊員一旦得分增多，則勢必引起防守方對進攻方外線接球人實施快速「輪轉補防」，並使其無法從容遠投，進而影響和限制進攻方遠投技術的發揮。當這種情況發生時，則逼迫進攻方不得不把第一次外線投籃的選擇，改為再一次進行運球突破分球或內、外線快速傳球，形成連續使用「擋拆」的進攻方式。由這種戰術改變，創造更有利的外

線進攻時機，並獲得更高的外線進攻成功率。連續「擋拆」的進攻方式有以下幾種形式。

一、連續「擋拆」突分遠投的進攻方式

（一）連續「擋拆」突分底線遠投

（1）參戰陣容

①納許；　　　　　　②理查森；

③希爾；　　　　　　④史陶德邁爾；

⑤羅培茲。

（2）戰術進行過程

如圖2－11－1所示，當納許運球過前場後，羅培茲迅速上提，兩人在左側高位形成「擋拆」配合。納許利用羅培茲的掩護，快速從左側運球突破，遇到防守攔截，改投為傳，將球傳給右側外線的隊友希爾。

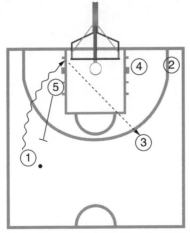

圖2－11－1　連續「擋拆」突分遠投

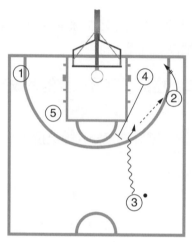

圖2－11－2　連續「擋拆」突分遠投

　　如圖2－11－2所示，希爾的第一個戰術選擇是投籃，但是，當防守隊員快速「輪轉補防」嚴重影響希爾穩定投籃時，希爾改投為突，再一次利用史陶德邁爾的掩護，向內線快速運球突破。當希爾遇到防守「圍堵攔截」時，再一次改投為傳，傳球給右側底線的隊友理查森，理查森接球投籃。

　　(3) 戰術解析

　　這種進攻戰術的關鍵點在於：

　　第一，進攻方運球突破隊員必須具有進攻威脅，唯其如此，才能迫使防守方縮小防區，否則，如果進攻方運球突破隊員不具有進攻威脅，不但不能迫使防守方縮小防區，還可能使持球人「吊在空中」、無「點」可傳，成為「死球」。

　　第二，進攻方第一次「擋拆」配合中的外線接球人，當他接到突分傳球時，他的第一個進攻選擇是投籃。只有

這樣，才能誘使防守方被迫擴大防區，並由此產生再一次運球突破的「戰機」。

第三，進攻方第二次「擋拆」配合的發動人必須具有非常強的改變戰術行動的靈活性，這種改變戰術行動的靈活性是「改投為突」和「改投為傳」必備的戰術素養，是完成整體進攻戰術過程的基礎戰術素養和必備因素。

(二)「擋拆」「策應」再「擋拆」突分遠投

(1) 參戰陣容

①納許；　　　　　②理查森；

③希爾；　　　　　④史陶德邁爾；

⑤羅培茲。

(2) 戰術進行過程

如圖2－12－1所示，納許運球過前場之後，羅培茲上提，兩人形成「擋拆」配合。納許利用羅培茲的掩護，從左側運球突破，遇到防守隊員圍堵攔截，傳球給另一側移動中的內線隊員史陶德邁爾。納許傳球後移動到右側底線，希爾向中場高位移動。

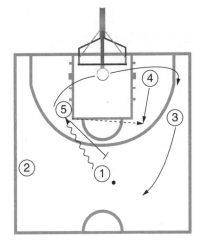

圖2－12－1　連續「擋拆」突分遠投

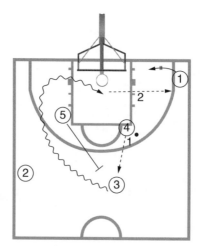

圖2－12－2　連續「擋拆」突分遠投

　　如圖2－12－2所示，史陶德邁爾持球後遇到防守圍堵夾擊，無法採取直接攻擊行動，於是，「策應」傳球給到高位的隊友希爾，希爾接球後，羅培茲上提給希爾做掩護，兩人形成第二次「擋拆」配合。

　　希爾利用羅培茲的掩護，從左側運球突破，遇防守封堵，傳球給右側底線的納許，納許接球遠投。

　　(3) 戰術解析

　　這種進攻戰術的關鍵點在於：第一，戰術層次繁多、過程複雜，必須做到各層次清晰、目的明確，才能做到層次多而不亂，戰術過程複雜而效果顯著。第二，戰術的目的是通過攻擊點的內、外轉移，迫使防守的重點由內帶外、再由外到內。在防守重點被迫移動中，防守方會出現重大疏漏，而防守方出現的疏漏，也正是進攻時機的產生前提。進攻方必須抓住防守疏漏，形成進攻時機，乘機攻擊，方能取勝。

二、「擋拆」後由中鋒策應遠投的進攻方式

(1) 參戰陣容

①納許；　　　　　　②理查森；

③希爾；　　　　　　④史陶德邁爾；

⑤羅培茲。

(2) 戰術進行過程

如圖2－13－1所示，納許運球過前場後，史陶德邁爾和羅培茲一起上提到高位，形成高位「雙掩護」；納許利用高位「雙掩護」，從羅培茲一側運球快速突破，遇到防守攔截，傳球給另一側內線隊友史陶德邁爾。

如圖2－13－2所示，史陶德邁爾持球後，遇到防守方縮小防區後實施的「圍堵夾擊」。史陶德邁爾乘機策應傳球給外線隊友希爾，希爾接球投籃。

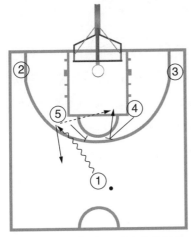

圖2－13－1 「擋拆」後由中鋒策應遠投

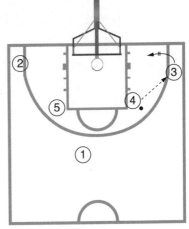

圖2－13－2 「擋拆」後由中鋒策應遠投

(3) 戰術解析

這種進攻戰術的關鍵點在於：第一，「擋拆」配合中內線接球隊員必須既具有內線攻擊威脅，又能夠策應傳球，惟其如此，才既能迫使對手縮小防區，又能在防守方外線防區出現疏漏之時，策應傳球給外線隊友，創造外線進攻時機。第二，外線投籃手必須具有良好的投籃技術和穩定的心理素質。第三，以整體進攻戰術的設計要求，來安撫和穩定投籃手的心理狀態，使之可以「大膽」投籃，排除干擾。

三、「擋拆」突分後快速傳球遠投的進攻方式

(1) 參戰陣容

① 納許；　　　　　② 理查森；

③ 希爾；　　　　　④ 弗萊；

⑤ 史陶德邁爾。

(2) 戰術進行過程

如圖2－14－1所示，當納許運球過前場後，史陶德邁爾拉出主動為理查森掩護，理查森利用掩護，從底線快速移動到另一側，在移動的途中，弗萊在罰球區邊上給理查森做第二次掩護，使理查森順利移動到另一側。這次移動使防守陣型陷入混亂狀態。

如圖2－14－2所示，史陶德邁爾在為理查森掩護後，又快速上提為納許掩護，兩人形成「擋拆」配合。納許利用史陶德邁爾的掩護，從左側運球突破。此時，防守方的注意力都集中在納許和史陶德邁爾身上，卻忽略了對

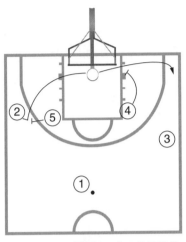

圖2-14-1　「擋拆」突分快傳遠投

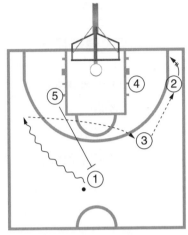

圖2-14-2　「擋拆」突分快傳遠投

進攻方其他外線隊員的防守。納許乘防守疏漏之機，傳球給遠側外線隊友希爾，希爾接球後準備投籃，卻遇到防守方「輪轉補防」隊員快速補防，使他不能從容投籃。與此同時，「潛伏」在底線的理查森已處於無人防守的狀態。希爾乘機快速傳球給理查森，理查森接球投籃得分。

（3）戰術解析

這種進攻戰術的關鍵點在於：第一，此戰術需一個整體謀劃，一部分是「虛」，另一部分是「實」。「虛」要「真實」，方能騙過防守；「實」要突然，突然的攻擊行動，才能獲得功效。第二，在此戰術中，由兩名絕對主力擔當「虛」的誘惑防守的任務，這樣做更能起到迷惑對手的效果。第三，「潛伏」隊員要處於無人注意的區域，而這一區域最好也是「潛伏」隊員的投籃「熟悉」區域，是他投籃準確性最高的區域。惟其如此，才能使這種戰術獲

得最大進攻效率。

四、連續掩護的「擋拆」突分遠投的進攻方式

(1) 參戰陣容

①納許；　　　　　　　②理查森；

③杜德利；　　　　　　④弗萊；

⑤史陶德邁爾。

(2) 戰術進行過程

如圖2-15-1所示，當納許運球過前場後，理查森從側翼過來為納許掩護，兩人形成第一次「擋拆」配合。納許利用掩護，運球向右側移動。理查森掩護後，快速從內側移動到右側底線，「潛伏」下來。

如圖2-15-2所示，史陶德邁爾快速上提為納許掩護，兩人形成第二次「擋拆」配合。還在運球的納許再一

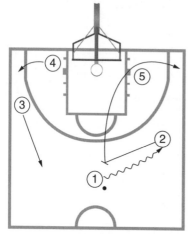

圖2-15-1 連續掩護的「擋拆」突分遠投

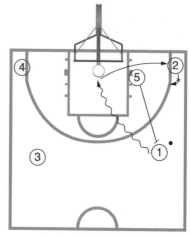

圖2-15-2 連續掩護的「擋拆」突分遠投

次利用史陶德邁爾掩護，快速從內側運球突破，遇到防守圍堵攔截，乘機傳球給被防守疏漏的外線「潛伏」隊員理查森，理查森接球投籃得分。

(3) 戰術解析

這種進攻戰術的關鍵點在於：第一，「控衛」在陣地進攻中長時間運球本來是大忌，但是，這種戰術行動卻能吸引更多防守的關注，為進攻方「潛伏」隊員提供機會。第二，一次「擋拆」配合未必能創造出良好的進攻時機，而換人發動第二次「擋拆」配合也未必來得及，所以，以一人持續運球發動兩次「擋拆」配合，就成為一種「必然而自然」的進攻方式。第三，戰術執行者要有全局觀念，無論運球人持續運球多久，都要有條不紊，程式不亂，都要全域「一盤棋」。惟其如此，才能用「不規範」的戰術行動，創造顯著的進攻效果。

五、「擋拆」後再運球突破攻擊的進攻方式

(1) 參戰陣容

①納許；　　　　　②理查森；

③希爾；　　　　　④弗萊；

⑤史陶德邁爾。

(2) 戰術進行過程

如圖2－16－1所示，納許運球過前場後，史陶德邁爾上提為納許掩護，兩人形成「高位擋拆」。納許利用掩護從左側快速運球突破，與此同時，另一名內線隊員快速拉到右側外線。在納許運球突破過程中，遇到防守方圍堵攔

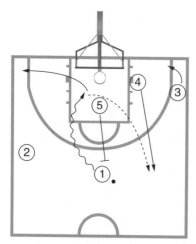

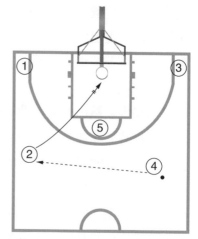

圖2-16-1 擋拆」後再運球突破攻擊　　圖2-16-2 擋拆」後再運球突破攻擊

截，不能直接攻擊，於是納許改投為傳，傳球給弗萊。然後，移動到左側底線。

　　如圖2-16-2所示，弗萊是一個遠投很準的內線隊員，所以當弗萊持球時，引起防守方高度重視和快速補防，使之不能從容遠投。於是，弗萊改投為傳，快速傳球給左側的理查森。理查森得球後，乘防守隊員快速上防、收勢不及、失去合理防守位置之虞，改投為突，快速運球突破。此時，雖然球在理查森手中，但是理查森四周的隊友都是很有威脅的進攻隊員，所以防守方不能不關注這些進攻隊員，而不能全力防守理查森。理查森乘虛而入，直接運球突破上籃得分。

　　(3) 戰術解析

　　這種進攻戰術的關鍵點在於：第一，每一次戰術配合的結果都應具有進攻威脅。比如：納許的運球突破；弗萊

的持球欲投；理查森的運球突破等。惟其如此，才能使每次戰術配合後出現的變化具有更大的進攻價值。比如：納許運球突破的「改投為傳」；弗萊的「改投為傳」；理查森的「改投為突」等等。第二，每一次戰術配合都應具有隨機應變的屬性。惟其如此，才能使戰術「規定」的程式產生更好的進攻效應。任何戰術都必須「因情施變」，沒有變化的「死戰術」，其程式再精妙，也不能應對所有的實戰情況；而再簡單的戰術，只要可以隨機應變，也可以化簡單為神奇，應對所有實戰情況，克敵制勝。可以這樣認為：「變化」才是一切戰術的靈魂。

六、本節結語

連續「擋拆」攻擊的進攻方式，是「跑轟」進攻模式最主要的進攻方式之一，它充分反映了「跑轟」模式陣地進攻的主要戰術特點。

第一，這種進攻戰術完全不具有「固定」進攻方式，完全不具有籃下「死扛硬打」的戰術設計。惟其如此，才能使戰術過程快速、靈活，而不拘泥、死板。第二，這種進攻方式是NBA戰術形式中最複雜的進攻戰術。它之所以形式複雜，是因為簡單的進攻方式，不可能為「跑轟」模式創造進攻時機。靈活、快捷而又相對「矮小」的「跑轟」模式，在相對「靜止」的陣地進攻中，必須經由一次又一次簡單戰術配合積累起來的時間和位置上的「優勢」，使防守的疏漏越來越大，最終使其形成無法彌補的防守漏洞，並乘機創造良好的進攻時機，才能將進攻體系

靈活、快捷的優勢，轉化為實戰中的進攻效率。第三，複雜的進攻程式中充滿了戰術變化。戰術變化是複雜進攻程式的靈魂。在實戰中，每一次簡單的進攻戰術配合，都是以直接進攻為目的，但是，簡單的戰術配合未必能創造出良好的進攻時機，而只能由「變化」來銜接下一次戰術配合，來實現良好進攻時機的再創造。沒有戰術「變化」，則不能使簡單的戰術配合之間產生連結機制，產生戰術配合的效應積累，最終創造出良好的進攻時機。

綜上所述，可以看出：以上各點，充分反映出「跑轟」進攻模式快、靈、活、準戰術特點的內在基因。

第五節　內線隊員「衝擊式」攻擊的進攻方式

「內外結合」規律是籃球運動最基本的規律之一。它揭示了在進攻過程中，調動防守陣型被動變換產生混亂，進而使防守體系出現漏洞。在實戰中，任何外線攻擊戰術的設計，如果沒有內線進攻威脅的牽制，都不可能實現；同理，任何內線攻擊戰術的設計，如果沒有外線進攻的牽制，也不可能實現。因此，「內外結合」規律也是所有進攻戰術指導思想必須遵循的最基本原則。亦因此，「跑轟」進攻模式要實現「以外線進攻為主」的戰略意圖，也必須具備有效率的內線進攻方式。

在外線進攻迫使防守方擴大防區的情況下，實施有效率的內線攻擊，逼迫防守方再一次縮小防區，使自己最主

要的外線進攻優勢得到最充分的發揮。

但是，由於「跑轟」進攻模式的內線進攻隊員的身高相對較矮（「矮中鋒」在進攻中的作用是相對的。他雖然在籃下的「死扛硬打」中不佔優勢，但是，他卻具有極好的靈敏性，他能靈活地參與整體進攻行動，從而使整體進攻陣容具備靈活性戰術行動特徵），所以，「跑轟」模式的內線進攻方式也與身材高大球隊的內線進攻方式具有明顯的區別。

首先，「跑轟」模式很少運用「固定式」內線進攻方式，很少進行籃下的「死扛硬打」。即使偶爾進行籃下「死扛硬打」，也是透過戰術移動使對方的內線防守出現鬆懈時進行，或由戰術中的「移動換位」，出現「以大打小」時進行。

其次，「跑轟」模式的內線進攻方式，以「移動性」內線進攻方式為主。它充分利用「矮小、健壯」內線隊員動作迅捷、具有衝擊力的特點，發動以中鋒衝擊式進攻為特徵的「移動性」內線進攻。

這種進攻方式有以下幾種形式。

一、「高位擋拆」後內線隊員衝擊式攻擊的進攻方式

（1）參戰陣容

①納許； ②理查森；

③希爾； ④史陶德邁爾；

⑤羅培茲。

(2) 戰術進行過程

如圖2-17-1所示,當納許運球過前場後,史陶德邁爾先拉到左側外線,為理查森做掩護,理查森利用掩護,快速從底線移動到右側。這種戰術移動使整體進攻陣型呈現「不規則」陣型,在右側進攻方有三名隊員,呈「密集狀態」,而在左側只有納許和史陶德邁爾兩人,兩人佔據了廣大的區域,非常利於兩人進行各種戰術配合和發揮進攻技術。

如圖2-17-2所示,史陶德邁爾在為理查森掩護後,再從左側移動到高位給納許掩護,兩人在左側進行「高位擋拆」配合。納許利用史陶德邁爾的掩護,從左側運球突破,遇到防守隊員攔截,乘機變直接攻擊為助攻,傳球給做完掩護轉身向內線縱插的史陶德邁爾。史陶德邁爾接納許的「妙傳」,上籃得分。

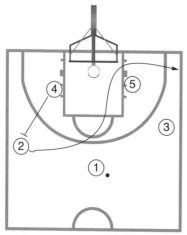

圖2-17-1 「高位擋拆」後中鋒
衝擊式攻擊

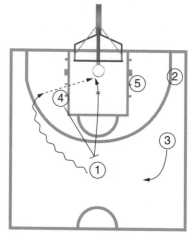

圖2-17-2 「高位擋拆」後中鋒
衝擊式攻擊

(3) 戰術解析

這種進攻戰術的關鍵點在於：

第一，透過整體戰術移動，拉空左側區域，再進行大區域內的「高位擋拆」。如此打法，便於兩人之間產生戰術變化，也便於兩人在移動中發揮個人技術特長。

第二，應注意強調「高位擋拆」中兩人各自強勢攻擊帶來的「互助效應」：納許的攻擊威脅，可以使史陶德邁爾獲得「寬鬆」的進攻環境；納許良好的進攻轉變技能和良好助攻技術，能使史陶德邁爾在獲得進攻時機的瞬間，「恰在其時」地接球攻擊。而史陶德邁爾強大的衝擊性進攻威脅，又使防守方不敢全力應對納許，從而使納許能根據實際情況更從容地發揮其技術特長。

二、內線隊員之間策應攻擊的進攻方式

(1) 參戰陣容

①納許；　　　　　　②理查森；

③希爾　　　　　　　④弗萊；

⑤史陶德邁爾。

(2) 戰術進行過程

如圖2－18－1所示，當納許運球過前場後，史陶德邁爾上提掩護，兩人形成「高位擋拆」配合，納許利用掩護，從左側運球突破，遇到防守隊員攔截，傳球給掩護後轉身插入內線的史陶德邁爾。納許傳球後快速移動到左側底線。希爾向中間高位移動。

如圖2－18－2所示，史陶德邁爾接球後遇到防守方的

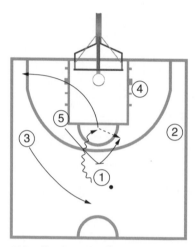

圖2-18-1 內線隊員之間策應攻擊

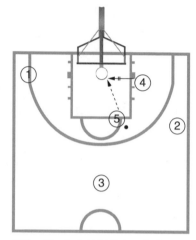

圖2-18-2 內線隊員之間策應攻擊

嚴防「夾擊」。這時,弗萊改變固有的戰術行動「習慣」,沒有拉到外線,卻悄悄插到籃下。弗萊的這一「罕見」行動,躲開了防守的注意。史陶德邁爾改「強行攻擊」為傳球,傳球給悄悄插到籃下的弗萊;弗萊接球扣籃得分。

(3) 戰術解析

這種進攻戰術的關鍵點在於:第一,這是一次「跑轟」模式的「習慣性」戰術打法被破壞後,持球隊員「隨機應變」衍生而來的「後續」進攻方式。這是設計中的進攻方式失效後,進攻隊員並不勉強投籃,而是「耐心急找」更合理的進攻時機,在關鍵時刻「靈感閃現、急中生智、被逼出來」的後續進攻方式。它需要的不是堅強的戰術執行力,而是「在危急時刻急中生智」的戰術創造力。第二,史陶德邁爾在強攻中「改攻為傳」的行動,並不是他的「習慣性」進攻動作,嚴格的說,史陶德邁爾的策應

能力並不強，弗萊在戰術中更多的行動方式是拉到外線，接球遠投，而不是強插籃下、死扛硬打。一般來講弗萊籃下強攻能力很差。但是，在比賽的緊急時刻，非習慣性、非常規的進攻動作，往往是防守思路的「忽略之處」。因此，往往會帶來「出其不意、攻其不備」的戰術效果。

三、「擋拆」後策應中鋒攻擊的進攻方式

(1) 參戰陣容

①納許；　　　　　②理查森；

③希爾；　　　　　④弗萊；

⑤史陶德邁爾。

(2) 戰術進行過程

如圖2－19－1所示，納許運球過前場後，傳球給右側的理查森。然後，納許向左側移動，旨在為右側的戰術配合拉開行動範圍。當理查森接球後，史陶德邁爾和弗萊一起拉到外線，為理查森設置「雙掩護」。

如圖2－19－2所示，理查森利用「雙掩護」，從底線運球突破，在右側遇到防守方整體「封堵」，不能實現直接攻擊的意圖，不得不一直運球到底線左側。與此同

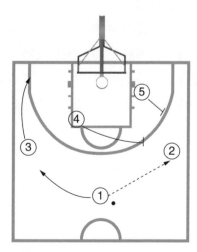

圖2－19－1 「擋拆」後策應中鋒攻擊

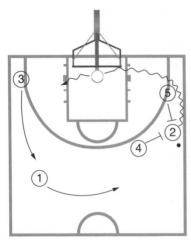
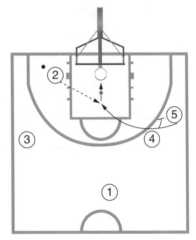

圖2－19－2　「擋拆」後策應中鋒攻擊　　圖2－19－3　「擋拆」後策應中鋒攻擊

時，納許移動到中場高位，希爾向左側上方移動。他們的
移動有兩個目的：其一，拉開進攻區域，防止對手「圍堵
夾擊」持球隊員；其二，保持「攻守平衡」，預防失球後
對手偷襲。

　　如圖2－19－3所示，當理查森從底線運球突破之
時，弗萊給史陶德邁爾掩護，史陶德邁爾利用掩護擺脫防
守，然後向內線橫插；當理查森無法攻擊、改直接攻擊為
助攻時，史陶德邁爾恰好插到，接理查森助攻傳球，強行
攻擊。

　　(3) 戰術解析

　　這種進攻戰術的關鍵點在於：

　　第一，戰術設計嚴謹、精密。當「前一個」戰術配
合正在進行之時，「後一個」戰術配合開始醞釀，惟其如
此，才能當「第一次」攻擊遭到防守方破壞之後，「第二

次」戰術配合接踵而至，使對手防住了第一次攻擊，卻來不及防第二次攻擊，防不勝防。第二，內線隊員「衝擊式」攻擊的多方向性。可以「擋拆」後轉身切入攻擊，也可以內線隊員掩護後進行「衝擊式」攻擊；可以從高位進行中鋒「衝擊式」攻擊，還可以從兩側進行中鋒「衝擊式」攻擊。只有這樣，才能衝開堅固的內線防守；只有這樣，才能透過有效率的內線攻擊，迫使對手縮小防區，更好地實施自己「以外線進攻為主」的主體進攻戰略。

四、本節結語

中鋒「衝擊式」攻擊的進攻方式，不是主要的但卻是必不可少的「跑轟」模式的進攻方式。因為沒有這種進攻方式的存在，「跑轟」模式就不可能進行其「以外線進攻為主」的主體進攻戰略。這是進攻過程必須遵循的「內外結合」規律所決定的。

但是，即便這種進攻方式僅僅只是「跑轟」模式的一種「非主流」進攻方式，它同樣較為充分地反映了「跑轟」模式進攻方式的主要戰術特點。

第一，強調戰術的「移動性」，而不是戰術的「固定性」。戰術的「移動性」主要包括：參與戰術隊員行動的「移動性」和戰術配合在移動中進行。產生這種戰術現象的原因主要是參與戰術的內線隊員比較「矮小」，比較「矮小」的內線隊員無法在「固定性」戰術配合中從容地得球進攻，而他們卻能在「移動性」戰術配合中發揮身體靈活、快捷的優勢，從而使「移動性」戰術配合發揮更大

的制勝作用。

第二，在戰術內容的設計中，強調戰術的複雜性，而不只是設計幾個簡單的戰術。中鋒「衝擊式」攻擊的進攻時機，產生於移動過程的瞬間，這種進攻時機的獲得稍縱即逝，需要各種因素在某一時間、地點的結合點上「偶合」。而這種「偶合」遭到某一方面的破壞，就可能失去。因此，在一次戰術的設計中，必須「預設」幾次「偶合」，以便在一次「偶合」不能實現的情況下，緊接著進行下一次「偶合」。只有這樣，才能使戰術過程不「阻滯」。而這樣就使所設計的戰術內容必然要複雜一些。

第三，複雜的戰術更需要設置嚴謹的細節，比賽更顯得精妙絕倫。由於這種「移動性」戰術的進攻時機稍瞬即逝，所以，幾種形成戰術時機的影響因素，必須精確地、恰到好處地「聚合」在時間和地點的「結合點」上。一旦這種精妙的「聚合」不幸失去，進攻時間的規則限制又不允許戰術進行過程稍有阻滯，而一次緊接一次精妙「聚合」的串聯，也能產生流暢的運程和美妙的觀感。所有這些，都使複雜、嚴謹的「移動性」進攻戰術美妙絕倫。

第六節　內線隊員外拉遠投的進攻方式

中鋒外拉遠投的進攻方式，是一種全新的進攻方式。在當今NBA賽場，幾乎所有球隊都使用這種新型的進攻方式。但是，「以內線進攻為主」的球隊與「跑轟」進攻模式，在中鋒外拉遠投進攻方式的使用上，兩者具有本質

的區別。

「以內線進攻為主」的球隊只是把中鋒外拉遠投的進攻方式作為一種輔助進攻方式。他們把這種進攻方式作為迫使對手擴大防區，放鬆內線防守，進而更好地實施「以內線進攻為主」的主體進攻戰略的一種輔助進攻手段。

例如：先在湖人隊、後在馬刺隊的歐瑞；先在活塞隊、後在凱爾特人隊的拉席德‧華勒斯。兩人都是運用這種進攻方式的「行家裡手」，都多次運用這種進攻方式得分。但是，他們在實戰中所得的分，在全隊總得分中所占的比例很少（不超過10%）。這種進攻方式在「以內線進攻為主」球隊的總體戰略中所起的主要戰術作用是：以這種進攻方式，打亂對手固有的防守計畫和穩定的防守心態。以出其不意的進攻方式和它所獲得的進攻效益，振奮本隊士氣，增強取勝的自信心。

「跑轟」進攻模式則把「中鋒外拉遠投」進攻方式作為一種主要進攻手段，而在內線隊員的進攻中經常使用，並收穫對比賽勝負至關重要的進攻效益。

首先，「跑轟」模式中的內線隊員把「拉到外線遠投」技術作為一種主要進攻手段。例如：太陽隊的弗萊就把「外拉遠投」技術作為首要的進攻手段而在實戰中經常使用。在「跑轟」進攻模式中，內線隊員經常性的「外拉」，使對手的內線防守空虛，給外線隊員運球突破技術發揮創造了良好的進攻環境，同時增多了外線遠投點。而外線遠投點的增多，又可以使外線隊員在運球突破中更好地選擇處於良好攻擊狀態的隊友，進而提高外線遠投的命

中率。

其次,「跑轟」進攻模式的內線組合經常共同使用「外拉投籃」的進攻手段,使對手顧此失彼、防不勝防。例如:當太陽隊使用史陶德邁爾和弗萊的內線組合時,時而弗萊「外拉遠投」,時而史陶德邁爾在衝擊時急停投籃。兩人在進攻過程中都在「移動外拉投籃」,則使防守方顧此失彼、無法兼顧內外線。正是由於「跑轟」進攻模式的內線組合都以「移動外拉投籃」為主要進攻手段,才使「跑轟」進攻方式增多了外線投籃點,並使「跑轟」進攻方式形式多變、機動靈活,具有很高的進攻成功率。它在實戰中有以下幾種方式。

一、「高位擋拆」後傳另一外拉內線隊員
##　　遠投的進攻方式

(1) 參戰陣容

①納許;　　　　　　　②理查森;

③杜德利;　　　　　　④弗萊;

⑤史陶德邁爾。

(2) 戰術進行過程

如圖2-20-1所示,當納許運球過前場後,理查森從左側快速移動到右側,史陶德邁爾上提欲與納許進行「擋拆」配合,與此同時,弗萊悄悄從罰球區右側移動到左側。在移動中,戰術的一切準備悄然就緒。

如圖2-20-2所示,納許與史陶德邁爾進行「擋拆」配合,納許利用史陶德邁爾的掩護快速運球突破。遇到防

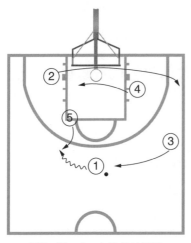

圖2－20－1 中鋒外拉遠投

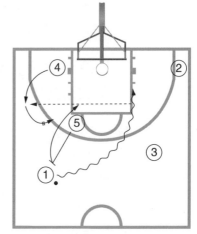

圖2－20－2 中鋒外拉遠投

守攔截，未傳球給轉身下插的史陶德邁爾，卻傳球給悄然外拉到外線的弗萊。此時，防守陣型被納許的運球突破行動壓迫得很小，使弗萊在外線獲得良好的遠投時機，因此，弗萊接球後穩定遠投得分。

(3) 戰術解析

這種進攻戰術的關鍵點在於：

第一，整體戰術的中鋒外拉行動，是這種戰術與其他戰術最本質的區別。這一行動不但拉空了內線防區，使納許運球突破行動更容易實施，而且，外拉的中鋒，更容易擺脫本身「對位」防守隊員的貼身緊逼，獲得良好的投籃時機。第二，傳統防守心態往往把防守的重點放在內線，當進攻內線隊員外拉時，內線防守隊員往往會存在一種「僥倖」心理：寧願內線進攻隊員在外線投籃，卻不願內線進攻隊員強攻籃下。因此，內線進攻隊員往往很容易獲

得外線進攻時機。當內線進攻隊員能夠具有很高外線投籃命中率時，則能夠獲得很高的進攻成功率。

二、「高位擋拆」後快傳外拉內線隊員遠投的進攻方式

(1) 參戰陣容

①納許；　　　　　　②理查森；

③希爾；　　　　　　④弗萊；

⑤史陶德邁爾。

(2) 戰術進行過程

如圖2－21－1所示，當納許運球過前場後，史陶德邁爾上提為他掩護，兩人形成「高位擋拆」配合。納許利用史陶德邁爾的掩護，運球從左側突破，遇到防守攔截，傳球給左側隊友希爾。與此同時，內線隊員弗萊悄悄移動到外線，理查森移動到中間高位。

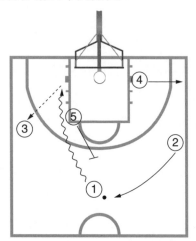

圖2－21－1　快傳外拉中鋒遠投

如圖2-21-2所示，希爾接球後正準備投籃，遇到防守快速「輪轉補防」，使希爾不能投籃。於是，希爾改投為傳，傳球給移動到高位的理查森；理查森接球後同樣受到防守「輪轉補防」的干擾，不能獲得穩定投籃的良好時機；理查森也改投為傳，傳球給悄悄移動到右側底線的內線隊員弗萊，這時防守已不能補防到位，於是，弗萊在無嚴重干擾的情況下，穩定投籃得分。

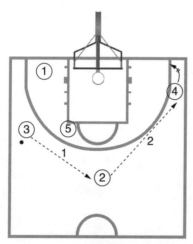

圖2-21-2　快傳外拉中鋒遠投

（3）戰術解析

　　這種進攻戰術的關鍵點在於：

　　第一，當兩名內線隊員都先後拉到外線之後，對方的內線防守極為空虛，當外線隊員運球突破時，必然引起防守方急速回防，而使其外線防守極為薄弱。這時，當進攻隊員運球突破傳球到外線時，防守方的快速「輪轉補防」必然慌忙混亂，破綻百出。

第二，進攻方內線隊員的外線遠投，使進攻方外線增多了攻擊點，從而使「高位擋拆」後快速傳球投籃的進攻方式運用起來更加從容自如。當內線隊員外線投籃很準時，則能使這種進攻方式獲得很高的成功率。

三、連續「擋拆」後內線隊員策應遠投的進攻方式

(1) 參戰陣容

①卓吉奇；　　　　　　　②理查森；

③杜德利；　　　　　　　④弗萊；

⑤史陶德邁爾。

(2) 戰術進行過程

如圖2－22－1所示，當卓吉奇運球過前場後，理查森從左側過來為卓吉奇掩護，兩人形成「擋拆」配合。卓吉奇利用掩護，運球從左側突破。

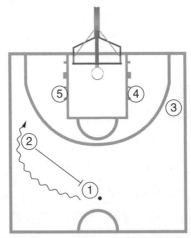

圖2－22－1　連續「擋拆」中鋒策應遠投

顯然，第一次「擋拆」配合，並沒有形成對防守陣型的「實質性」打擊，但成功地轉移了防守注意，使遠球一側進攻隊員可以自由移動，為實施整體進攻戰術的最後攻擊，埋下不可缺少的「伏筆」。

　　如圖2－22－2所示，當卓吉奇運球到左側後，史陶德邁爾外拉為卓吉奇掩護，兩人形成第二次「擋拆」配合。卓吉奇利用掩護運球從上線運球突破，遇到防守攔截，傳球給轉身下插的史陶德邁爾。此時，杜德利從右側上線移動到右側底線，內線隊員弗萊悄悄從內線移動到右側外線，兩人向外線移動，形成拉空內線，欲進行「衝擊式」中鋒進攻的攻擊態勢。

　　如圖2－22－3所示，史陶德邁爾持球後，引起防守方高度關注。當史陶德邁爾運球向內線突破時，遇到防守重兵圍堵夾擊。史陶德邁爾乘機傳球給「潛伏」在外線的

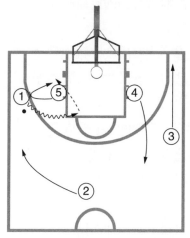

圖2－22－2 連續「擋拆」中鋒策應
　　　　　遠投

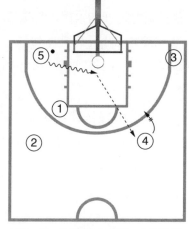

圖2－22－3 連續「擋拆」中鋒策應
　　　　　遠投

內線隊員弗萊；弗萊接球後，防守方已無法補防，於是，弗萊在無防守干擾的情況下，穩定投籃。

(3) 戰術解析

這種進攻戰術的關鍵點在於：

第一，這是一次程式複雜的進攻過程。之所以如此，其主要原因在於這是「替補陣容」實施的進攻戰術。「替補」隊員的攻擊威脅遠不如主力隊員大，其所實施的進攻配合，並不能起到調動防守陣型變化、破壞對手整體防守體系的效果。因此，必須實施程式複雜的「多重配合」進攻戰術，才能形成良好的進攻效果和創造出良好的攻擊時機。

由此可以看出：強大的技術基礎，往往不需要「繁複」的戰術與之相攜，簡單的進攻戰術，往往更能適合高強技術的發揮。而技術基礎薄弱，則必須要以精妙、複雜的戰術為其逐漸創造攻擊時機，否則，薄弱的技術基礎，無法擺脫防守的阻擾，形成進攻時機。

第二，此進攻戰術包括「三重」攻擊層次，雖然戰術過程繁複，但是戰術成敗的關鍵點卻在於最後一次戰術配合。

強力中鋒持球後，必然吸引防守的關注，他向內線運球突破的行動，必然被防守方認為是「衝擊式」籃下攻擊。防守方這種錯誤判斷，就導致外線防守產生重大疏漏，也就為內線進攻隊員的外拉遠投營造了良好的攻擊環境，也為進攻戰術最後攻擊成功起到了關鍵性作用。

四、內線隊員移動中投的進攻戰術

(1) 參戰陣容

①納許； ②理查森；

③希爾； ④史陶德邁爾；

⑤羅培茲。

(2) 戰術進行過程

如圖2－23－1所示，當納許運球過前場後，羅培茲上提為納許掩護，兩人形成「高位擋拆」配合。史陶德邁爾乘機拉到外線。

如圖2－23－2所示，納許利用羅培茲的掩護快速運球突破，遇到防守攔截，改投為傳，傳球給移動到外線的史陶德邁爾。史陶德邁爾接球後，運球向內線「衝擊」。向籃下做「衝擊式」攻擊是史陶德邁爾最擅長的攻擊方式，

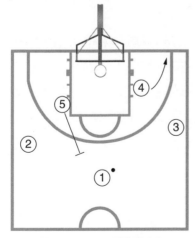

圖2－23－1　中鋒移動中投

圖2－23－2　中鋒移動中投

也是對方的防守重點。因此,當史陶德邁爾運用這項技術時,其對位防守隊員快速後退,與其他防守隊員形成一道「牆」,截斷史陶德邁爾向內線衝擊的路線,遇此情況,史陶德邁爾運球急停跳投,使防守隊員猝不及防。

(3) 進攻戰術解析

這種進攻戰術的關鍵點在於:第一,兩名內線隊員先、後拉到外線,使內線防守處於完全「空虛」狀態,使進攻方運球突破行動更便於實施,也使內線隊員外拉遠投的進攻方式更便於實施。這充分反映了「跑轟」進攻模式中中鋒移動攻擊投籃的本質特徵。第二,中鋒移動攻擊技術的多樣性特徵,是「跑轟」進攻模式中鋒必須具備的技術類型。只有具備這種技術特徵,才能符合「跑轟」進攻模式的戰術要求。史陶德邁爾改「衝」為投的技術改變使用,正是這種中鋒技術類型的典型表現。

五、本節結語

中鋒外拉遠投的進攻方式是其他進攻模式的輔助進攻方式,但它卻是「跑轟」進攻模式的主要進攻方式之一。首先,中鋒外拉遠投是「跑轟」模式中鋒的主要進攻手段。比如:太陽隊中鋒弗萊就是以外拉遠投為主要進攻手段的內線隊員。其次,這種進攻手段反映了內線隊員的身體靈活程度和技術全面性。同時,這種進攻手段反映了「跑轟」進攻模式對內線隊員身體靈活程度和技術類型的戰術要求。內線隊員的外拉行動可以拉空內線防守;同樣減少了防守方補防的「障礙」,使之不能快速地進行

補防。如果內線進攻隊員不能參加外線的「實質性」進攻行動，則內線隊員外拉行動對於整體進攻戰術來說是一種「弊大於利」的戰術行動，它將使整體進攻戰術最終歸於失敗。但是，如果內線隊員可以參與外線「實質性」進攻，則可以使外線進攻點增多；而外線進攻點增多，則可以使外線進攻的選擇增多，使防守的難度增大，進而導致無法實施「全方位」的輪轉補防，最終不得不放棄對某一點的補防，使之成為進攻方良好的投籃時機。從這個意義上說，中鋒外拉遠投的進攻方式，使進攻陣容的移動更加靈活，進而使其進攻戰術更機動靈活、充滿變化。

第七節 「錯位」攻擊的進攻方式

　　「錯位」攻擊是指進攻方在移動和掩護過程中，迫使防守方出現「錯位」防守的情況，並利用「錯位」防守的情況，實施內線「以大打小」或外線「以小打大」的攻擊。這是一種頗值得關注的進攻方式，也是當今NBA出現的重要進攻現象。其中，「以內線進攻為主」的進攻模式，往往更注重防守方出現「錯位」防守後在內線「以大打小」的攻擊；而「跑轟」進攻模式則更注重防守方出現「錯位」防守後在外線「以小打大」的攻擊，並使之成為行之有效的重要進攻內容。

　　在實戰中，「錯位」攻擊的實施過程包括兩個階段：

　　第一，創造「錯位」防守的過程。進攻方在「擋拆」配合或其他移動掩護配合中，由於運球人（進攻發動人）

技術全面、善於遠投，所以，防守方如不採取「換人」的防守方式，則會出現對運球人暫時無人防守的「真空狀態」，使之可以從容投籃。因此，防守方不得不採取「換人」的防守手段，而採取「換人」防守的結果，就會出現「錯位」防守的情況。第二，利用防守方「錯位」防守的情況，進行攻擊。當防守方出現「錯位」防守時，進攻方在外線，仰仗技術動作速率快捷和身體靈活性的優勢，「以小打大」；在內線，仰仗內線隊員身高、體能優勢，「以大打小」，這兩種攻擊手段是進攻方「錯位」攻擊的主要方式。其中，「跑轟」球隊最擅長的是在外線仰仗技術動作速率快捷和身體靈活性的優勢，「以小打大」。「錯位元」攻擊的進攻方式包括以下幾種方式。

一、移動換位後內線隊員「以大打小」的進攻方式

(1) 參戰陣容

①納許；　　　　　　②理查森；

③希爾；　　　　　　④史陶德邁爾；

⑤羅培茲。

(2) 戰術進行過程

如圖2-24-1所示，當納許運球過前場後，傳球給史陶德邁爾。與此同時，希爾移動到內線，與羅培茲形成「雙掩護」。納許傳球後，向內線穿插，利用隊友的「雙掩護」擺脫防守，移動到右側外線。史陶德邁爾接球後遇到防守圍堵夾擊，不能直接攻擊，於是，傳球給已處於

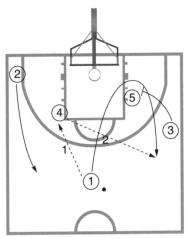

圖2－24－1 「以大打小」進攻方式

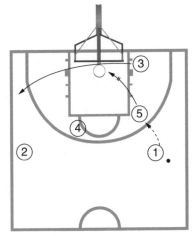

圖2－24－2 「以大打小」進攻方式

「空位」的隊友納許。形成一次移動掩護遠投的進攻時機。但是，面對跟防納許的隊員被擋住的情況，防守方採取了「換人」措施，由內線高大防守隊員「擠出」，補防納許，使納許處於被嚴重干擾的處境中。

如圖2－24－2所示，希爾做完掩護之後，快速移動到左側外線。而在右側，形成外線「以小打大」、內線「以大打小」的局面。這時，納許審時度勢地傳球給處於內線有利位置的隊友羅培茲，羅培茲接球後強攻。

(3) 戰術解析

這種進攻戰術的關鍵點在於：第一，這是一次移動掩護進攻被「破壞」後「轉變」而成的進攻方式。它之所以能夠打成，完全歸功於「控衛」的審時度勢和隨機應變。納許完全可以得球後「勉強」投籃，而不進行下一步進攻「程式」。但是，勉強投籃的結果，必定嚴重影響投籃命

中率,而納許「改投為傳」,進行籃下「以大打小」,卻能使瀕臨困境的進攻過程,呈現柳暗花明的局面。可以這樣認為:由移動掩護進攻轉變為籃下「以大打小」,是這種形勢下最明智、最合理的進攻選擇,這種選擇具有很高的進攻成功率。第二,實施籃下「固定式」進攻方式,並不是「跑轟」進攻模式擅長的進攻方式。因此,在實戰中,很少見到「跑轟」進攻模式使用「固定式」進攻方式的戰例。正因為如此,偶爾突然使用這種進攻方式,卻可以收到「出其不意、攻其不備」的效果。

二、形成「錯位」後外線遠投的進攻方式

(1) 參戰陣容

①納許; ②理查森;

③杜德利; ④弗萊;

⑤史陶德邁爾。

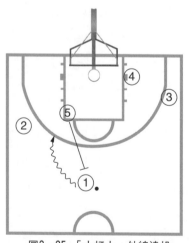

圖2-25 「小打大」外線遠投

(2) 戰術進行過程

如圖2-25所示,這是太陽隊對馬刺隊比賽中出現的典型戰例。當納許運球過前場後,史陶德邁爾上提為納許掩護,兩人形成「高位擋拆」配合。在這個戰術配合中,鄧肯防史陶德邁爾,派克防納許。

納許利用史陶德邁爾的掩護，運球從左側突破。由於史陶德邁爾擋住了派克，馬刺隊只能採取「換人」的防守策略，使鄧肯換防納許，出現「錯位」防守情況。這時，納許採用快速運球突破技術，當鄧肯身體重心後移的瞬間，納許突然急停，使鄧肯無法改變身體移動趨勢，無法上前防守，納許穩穩地跳起投籃。

(3) 進攻戰術解析

這種進攻戰術的關鍵點在於：第一，這是一次「最簡單」的戰術配合，卻充滿了「精心」的戰術設計。其戰術目的不是透過戰術配合或戰術組合創造進攻時機，而是迫使對手出現「錯位」防守。因此，完成這一戰術目的需要的不是繁雜的戰術，而是抓住對手在戰術運行過程中出現的一種「錯誤」，並使其無法改正這一「錯誤」。

第二，「精心」的戰術設計實戰價值在於：創造一種「以己之長、攻敵之短」的實戰局面。比如：以納許外線攻擊技術之長（技術全面、虛實難辨），攻鄧肯外線防守技術之短（是內線防守的中樞而不敢過分外出，並且其腳步動作的靈活性遠不如納許）的實戰局面。當這種實戰局面出現之時，就能實現進攻的高成功率。

三、形成「錯位」後外線運球突破的進攻方式

(1) 參戰陣容

①納許；　　　　　②理查森；

③杜德利；　　　　④弗萊；

⑤史陶德邁爾。

(2) 戰術進行過程

如圖2－26所示，這是太陽隊對馬刺隊比賽中出現的典型戰例。當納許運球過前場後，史陶德邁爾上提為納許掩護，兩人形成「高位擋拆」配合。在這個戰術配合中，鄧肯防史陶德邁爾，派克防納許。納許利用史陶德邁爾的掩護，運球從左側突破。由於史陶德邁爾擋住了派克，馬刺隊只能採取「換人」的防守策略，使鄧肯換防納許，出現「錯位」防守情況。這時，納許採用快速運球突破技術，從鄧肯的右側快速運球突破上籃成功。

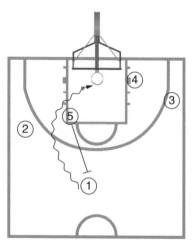

圖2－26 「小打大」外線運球突破

(3) 戰術解析

這種進攻戰術的關鍵點在於：

第一，這是一次「最簡單」的戰術配合，卻充滿了「精心」的戰術設計。其戰術價值在於不是創造直接進攻時機，而是在簡單的戰術配合中，抓住對手的一次「失

誤」，迫使對手無法糾正這次「失誤」；並由此創造「以長制短」的強行攻擊時機。

第二，在這種「以長制短」的強行攻擊中，充滿了攻擊方式的變化。納許在幾次運球急停跳投之後，突然改變了攻擊的方式。當鄧肯快速上提、盡全力防納許投籃之時，納許不再進行急停跳投，而是運用快速運球突破的方式攻擊，使鄧肯判斷失誤、猝不及防。

四、本節結語

「錯位」攻擊是一種最簡單的進攻方式，但是，它在實戰中，卻能收到非常好的實戰效果。例如：太陽隊對馬刺隊的比賽中，每當出現鄧肯防納許的時候，納許總是非常堅決地進行各種方式的攻擊：或運球急停跳投，或快速運球上籃，並且總能取得非常好的攻擊效果（筆者統計：當鄧肯防納許時，納許的進攻成功率為80%～90%）。這不是一種簡單的進攻現象，而是蘊含著精妙籌畫的戰術設計出的「預想」之果。

首先，無論是外線的「以小打大」，還是內線的「以大打小」，都要以本方最擅長攻擊的隊員，在他最適合的進攻區域，針對防守方最不適宜在該區域防守的隊員，進行強行進攻。

例如：當納許對鄧肯時，進攻區域都在罰球弧頂高位，這一區域是納許的最佳投籃區域。運球急停跳投和快速運球上籃兩種進攻方式都是納許最擅長的攻擊手段。而鄧肯是馬刺隊內線防守中樞，當鄧肯防守外線時，他必然

會「分心」記掛著內線防守,因此鄧肯很難「全心全力」進行外線防守;另一方面,鄧肯防守腳步的靈活性和快捷程度,都遠不如納許,所以在兩人的外線攻防中,納許佔有絕對的優勢,並能在實戰攻防中獲得非常高的進攻成功率。

其次,這種最簡單的進攻方式之所以能獲得成功,其中包含著深刻的對戰術本質的認識。亦即,戰術的最根本的目的是什麼?在當今NBA賽場,進攻方要想憑藉戰術設計,獲得完全「無人防守」的進攻時機,幾乎不可能。那麼一種進攻戰術的「真實」目的,就不是創造完全「無人防守」的攻擊時機,而是創造一種「以己之長、克敵之短」的進攻環境。從這個意義上說,「錯位」攻擊的實戰價值絕不亞於任何一種「精妙」的進攻方式。

但是,「錯位」防守也絕非不可避免。在防守配合中,「擠過」「穿過」「繞過」「輪轉補防」等防守配合,都具有與「換人」配合相同或超過它的防守價值。因此,防守方可以在實戰中運用這些防守配合代替「換人」配合。說到底,「錯位」攻擊也只能實現於防守方處於懈怠和鬆懈之時,而不是一種「全能」的進攻戰術。

第三章　三角進攻戰術

第一節　三角進攻戰術理念

　　三角進攻的創始人是溫特大學時的教練——薩姆·巴里（Sam Barry），是他把三角進攻最初的理念教給了堪薩斯州立大學的隊員們，使三角進攻戰術顯露鋒芒。三角進攻戰術使溫特所在的球隊曾經8次打入NCAA八強賽。

　　三角進攻戰術是由進攻一側組成三角的3名隊員和另一側的「兩人遊戲」所組成的陣地進攻戰術。它不像那些固定的進攻套路，只能按照預定的進攻套路機械執行。它是在進攻中根據對手不同的防守而產生各種不同的應對方式，並最終克敵制勝。按照老溫特的話就是：「read and react（解讀並反應）」。但是，三角進攻戰術也不是完全的自由進攻，它是一個要求精密間距和占位的結構體系，每一名場上隊員都應該清楚地瞭解球場上每個位置的合理建構，以及由此產生的、千變萬化的進攻戰術。

　　三角進攻包括兩個階段：第一，建立三角。三角進攻由1－2－2陣型開始，建成進攻三角的3名隊員及其他兩名隊員的間距為15英尺（約4.5公尺）。這個間距可以有效保持進攻隊員之間的有機聯繫，進攻隊員可以由簡捷的

傳球，減少被對方搶斷的危險，並且可以避免持球隊員被防守方包夾。當進攻隊員移動、進攻陣型改變之時，進攻隊員之間的間距仍努力保持15英尺的距離。

在實戰中，建立進攻三角有許多種方法，但按照進攻三角在進攻中的不同作用，可將進攻三角歸納為三種類型。

第一種類型，建立以高大內線隊員為「三角頂點」的進攻三角。其方法是，當1－2－2進攻陣型落成之後，由控球後衛傳球給小前鋒，然後從裡側或外側切入到底角。在左側或右側罰球區的腰部，建立以高大內線隊員為「三角頂點」的進攻三角。

第二種類型，建立「移動三角」。當1－2－2陣型落成之後，兩名高大內線進攻隊員落在一側。戰術開始進行時，戰在外線的高大內線隊員，利用站在內線高大隊員的掩護，移動到另一側罰球區的腰部，與已在這一側的兩名外線進攻隊員建立一個進攻三角。

第三種類型，建立以攻擊後衛（攻擊後衛身材雖然不高，但是他往往具有良好的內線進攻技術。比如：喬丹、科比等）為「三角頂點」的進攻三角。其方法是：當1－2－2進攻陣型落成之後，內線高大進攻隊員拉到底角，攻擊後衛插到罰球區腰部充當「三角頂點」，控球後衛運球到左側（或右側），建立進攻三角。

進攻三角不僅是一種整體進攻陣型的局部部分，而且它是一把插在對手腰部的「尖刀」。進攻三角的建立，不僅可以破除對手使用諸如「繞前防守」等手段而使「三

角頂點」接到傳球，而且可以由「三角頂點」得球，迫使對手整體防守發生變化，從而使進攻方作出針對性應對措施。

當「進攻三角」建成之後，則開始三角進攻的運作。三角進攻戰術運作的本質不是預設固定的進攻套路，而是「read and react（解讀並反應）」。解讀「三角頂點」接球之後防守方產生的變化，並作出針對性應對措施。儘管「三角頂點」接球之後，防守方可能出現許多種情況，但是所有這些情況也可以歸納為三種類型。進攻方的應對措施也針對這三類情況而展開。

第一類情況 ：當「三角頂點」接球後，防守方並未（或來不及）對其實施「包夾」防守。

這種情況正是「三角頂點」進行籃下強攻的最佳時機。無論哪一種「進攻三角」，讓「三角頂點」接球並進行籃下強攻，都是三角進攻戰術最主要的戰術目的。一支運用三角進攻戰術的球隊，往往擁有一名具有高超內線進攻技術的球員。比如 ：公牛隊的喬丹、湖人隊的歐尼爾等。而運用三角進攻戰術，由建立三種不同形式的「進攻三角」，使防守方不能阻斷「三角頂點」接球並不能對其實施有效的「包夾」措施，讓「三角頂點」能發揮高超的內線進攻技術，就能夠充分發揮三角進攻戰術的威力。

第二類情況：當「三角頂點」接球後，防守方放棄對其他進攻隊員的防守而實施對「三角頂點」的包夾。

這時，「三角頂點」處於「背對籃」的狀態，則「三角頂點」無法觀察全部攻防雙方的情況。因此，進攻方的

應對措施就只能先從「進攻三角」內的其他兩名隊員做起。當防守方實施對「三角頂點」包夾而放鬆對「進攻三角」其他兩名隊員的防守時，「進攻三角」中的其他兩名隊員可以乘機插向對手內線，接「三角頂點」策應傳球上籃得分。「進攻三角」中的其他兩名隊員還可以相互掩護，擺脫防守，獲得短暫的良好投籃時機，接「三角頂點」的策應傳球，進行中、遠距離投籃。而「進攻三角」內配備優異的中、遠距離投手，是使三角進攻戰術具備優質功能的必要條件。比如：湖人隊的進攻三角之內，往往配備費雪等投手，就是一個很能說明問題的證明。

第三類情況：當「三角頂點」接球後，防守方放棄對其他進攻隊員的防守而實施對「三角頂點」的包夾。

這時，「三角頂點」處於「面對籃」的狀態，則「三角頂點」可以觀察全部攻防雙方的情況。而此時三角進攻戰術就成為一種「低位策應、內外結合」的整體進攻戰術。它可以由進攻三角內其他兩名隊員的移動掩護，使進攻三角與另一側隊員有機地聯繫在一起，由移動掩護、內外穿插等戰術行動，獲得良好的內外線投籃時機，克敵制勝。這種進攻戰術的關鍵所在是「三角頂點」的策應助攻能力。當「三角頂點」具備這種能力時，則可以使三角進攻戰術獲得「第二次組織」過程，可以使進攻方內外線獲得有機融合，使三角進攻戰術過程流暢，變化多端，功能更強。湖人隊在2009—2010賽季奪取桂冠，就是一個最好的例證。

第二節　「大進攻三角」的進攻方式

「大進攻三角」是指「三角頂點」為高大內線進攻隊員的「進攻三角」。「大進攻三角」的建立方法是：

由具有高超內線進攻技術和強大策應能力的高大內線進攻隊員站在罰球線腰部而成為進攻三角的「頂點」。然後，由控球後衛傳球給小前鋒，再從裡側或外側切入到底角，形成以高大內線進攻隊員為「三角頂點」的進攻三角。除此之外，控球後衛還可以運球到小前鋒的位置，小前鋒移動到底角，同樣可以形成一個以高大內線進攻隊員為「三角頂點」的進攻三角。

三角進攻戰術最根本的功能就是發揮內線攻擊的作用。這種作用包括：

第一，在相對「優勢」的條件下，實現籃下強攻的戰術目的；

第二，以相對「優勢」條件消失（比如：遭到對手「包夾」等等）為代價，同時又迫使防守方放棄對外線的防守，從而使進攻方獲得良好的遠投時機。這也是「大進攻三角」進攻戰術的最根本作用。

因此，「大進攻三角」進攻方式主要包括：

第一種類型，籃下強攻的進攻方式；

第二種類型，當防守方包夾「大進攻三角頂點」而放鬆對其他進攻隊員防守時，進攻方發動的由「大進攻三角頂點」策應組織的、內外結合的進攻方式。

一、籃下強攻的進攻方式

（1）參戰陣容

①費雪（控球後衛）；　②科比（攻擊後衛）；

③亞泰斯特（小前鋒）；④加索（大前鋒）；

⑤拜納（中鋒）。

（2）戰術進行過程

如圖3－1－1所示，控球後衛費雪傳球給小前鋒亞泰斯特，然後，從裡側快速移動到底角，與中鋒拜納、小前鋒亞泰斯特組成「大進攻三角」。這時，右側的科比移動到中間高位，彌補費雪到底角後中間出現的空缺，並維持攻守平衡。

如圖3－1－2所示，當亞泰斯特要傳球給中鋒時，發現防守中鋒採用「半繞前」防守的方式，封堵了傳球路

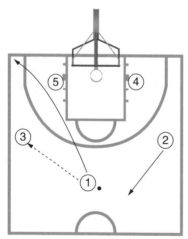

圖3－1－1　籃下強攻

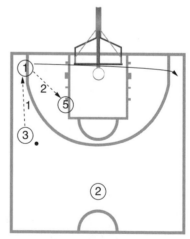

圖3－1－2　籃下強攻

線，於是，亞泰斯特傳球給底角的費雪；改變了給中鋒的傳球路線，使中鋒拜納得球。中鋒接球後，費雪快速移動到另一側底角，為拜納籃下強攻拉開進攻範圍，造成了籃下「一對一」強攻的局面。

如圖3－1－3所示，拜納運用運球後轉身跳投的技術，強行籃下攻擊。

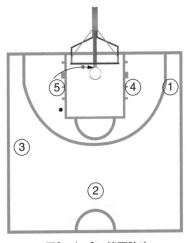

圖3－1－3 籃下強攻

(3) 戰術解析

這種進攻戰術的關鍵點在於：

第一，這一戰例充分顯示了三角進攻戰術易於變換傳球角度能使中鋒得球的特點。當「斜邊」不能傳球時，可以從底角傳球，變換角度傳球，使防守方無法阻隔中鋒得球。而一旦中鋒得球，底角的傳球隊員應該快速離開，以利於高大中鋒籃下強攻的戰術目的順利實現。

第二，選擇運用三角進攻戰術的球隊必須擁有具有強

大內線進攻能力的隊員,而拜納就是一名具有強大內線進攻威脅的隊員。當拜納上場時,湖人隊則會強調使用籃下強攻的三角進攻戰術。並迫使對手採用「包夾」等手段而不得不放鬆對外線進攻隊員的防守,從而給其他進攻點增添攻擊機會。

二、內線隊員策應上籃的進攻方式

(1) 參戰陣容

①費雪(控球後衛); ②科比(攻擊後衛);

③亞泰斯特(小前鋒); ④加索(大前鋒);

⑤拜納(中鋒)。

(2) 戰術進行過程

如圖3-2-1所示,控球後衛費雪傳球給小前鋒亞泰斯特,然後,費雪從裡側移動到底角,小前鋒亞泰斯特傳球給費雪。此時,費雪、亞泰斯特和大前鋒加索

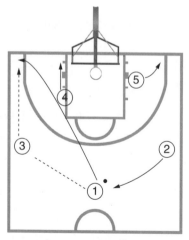

圖3-2-1　中鋒策應上籃

形成一個「大進攻三角」。這時，落位在右側的科比移動到中間，彌補中間的空缺，並保持「攻守平衡」。

如圖3-2-2所示，費雪傳球給加索，然後，費雪反身給亞泰斯特掩護，幫助亞泰斯特擺脫防守，實施下一步進攻行動。

如圖3-2-3所示，亞泰斯特利用費雪的掩護，擺脫防守向籃下切入。加索持球後，吸引了防守方高度關注，卻又使防守方放鬆了對其他進攻隊員的關注。所以，進攻方能夠由加索策應亞泰斯特順利上籃成功，打出一次簡單而精彩的「三角策應進攻」。

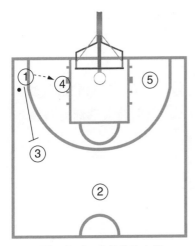

圖3-2-2　中鋒策應上籃

圖3-2-3　中鋒策應上籃

(3) 戰術解析

這種進攻戰術的關鍵點在於：

第一，高大進攻隊員加索的籃下進攻威脅是吸引防守方關注的原因。如果他沒有強大的進攻威脅，就不能吸引

防守,從而使其他進攻隊員獲得進攻時機。

第二,高大內線進攻隊員加索的強大的策應組織能力,是完成這次戰術配合的關鍵。加索的強大並不在於他能進行籃下強攻,更重要的是,他能靈活地進行進攻轉換,對籃下強攻和策應進攻兩種方式進行合理地選擇使用。從而使三角進攻戰術更機動、靈活。

三、內線隊員策應遠投的進攻方式(一)

(1) 參戰陣容
①費雪(控球後衛); ②科比(攻擊後衛);
③亞泰斯特(小前鋒); ④加索(大前鋒);
⑤拜納(中鋒)。

(2) 戰術進行過程
如圖3-3-1所示,控球後衛費雪傳球給亞泰斯特,然後,費雪快速移動到底角,亞泰斯特又傳球給費雪。

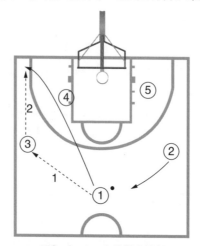

圖3-3-1 中鋒策應遠投

此時，大前鋒加索、亞泰斯特形成「大進攻三角」。右側的科比移動到中間，彌補中間高位的空缺，並保持「攻守平衡」。

如圖3-3-2所示，費雪傳球給加索，然後，費雪快速移動到另一側（右側）底角。加索接球後遇到防守方「包夾」，無法強攻籃下，卻吸引了防守方重點關注並使之放鬆了對外線的防守。這時，加索策應傳球給左側的亞泰斯特，迫使防守方採用快速「輪轉補防」的措施。

如圖3-3-3所示，亞泰斯特接球後遇到防守快速輪轉補防，不能投籃；於是亞泰斯特快速傳球給右側的隊友科比，科比接球後仍然遭遇防守方的快速輪轉補防，使科比仍不能從容進行外線遠投，科比也快速傳球給右側底角的費雪；費雪接球後，防守方無法補防到位，使費雪從容遠投得分。

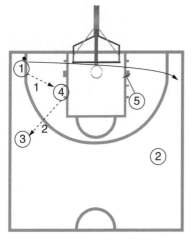

圖3-3-2 中鋒策應遠投

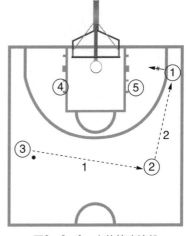

圖3-3-3 中鋒策應遠投

(3) 戰術解析

這種進攻戰術的關鍵點在於：

第一，加索的進攻和策應助攻能力。其進攻能力可以迫使防守收縮，起到「牽制」的作用；其策應助攻能力則可以進行戰術內容的實質性轉移，使進攻戰術機動、靈活和更具有實效性。

第二，進攻陣容內要具有多個「投籃手」，使防守方任何「輪轉防守」方式都無濟於事。

四、內線隊員策應遠投的進攻方式（二）

(1) 參戰陣容
①費雪（控球後衛）；　②科比（攻擊後衛）；
③亞泰斯特（小前鋒）；④歐登（大前鋒）；
⑤加索（中鋒）。

(2) 戰術進行過程

如圖 3－4－1 所示，控球後衛費雪運球向右側移動，攻擊後衛科比移動到右側底角。費雪、科比與加索在右側形成「大進攻三角」。左側的亞泰斯特移動到中間高位，彌補中間的空缺，並保持「攻守平衡」。

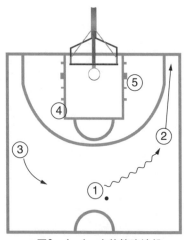

圖3－4－1　中鋒策應遠投

如圖3-4-2所示，費雪在右側停球後，傳球給底角的科比；科比再傳球給中鋒加索。加索強大的內線進攻威脅，迫使防守方對其實施「包夾」防守手段。與此同時，卻放鬆了對另一名內線高大隊員歐登的防守。歐登悄悄移動到罰球線附近，準備接中鋒策應傳球進行攻擊。費雪移動到中間高位，準備接應內線傳球；小前鋒亞泰斯特移動到左側，費雪、亞泰斯特的移動，在客觀上使整體進攻形態處於一種均衡狀態。

　　如圖3-4-3所示，加索策應傳球給移動到罰球線附近的歐登；歐登準備攻擊，卻又遇到防守快速補防，使之不能進行直接攻擊。與此同時，防守方基本上放棄了對左側外線的防守，於是，歐登改直接攻擊為策應助攻，傳球給左側處於良好進攻狀態的隊友亞泰斯特，亞泰斯特接球遠投得分。

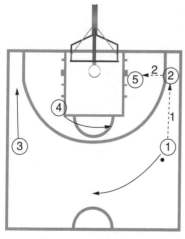

圖3-4-2　中鋒策應遠投

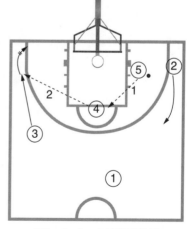

圖3-4-3　中鋒策應遠投

（3）戰術解析

這種進攻戰術的關鍵點在於：第一，兩名內線進攻隊員都是技術全面隊員。他們都既能進行籃下強攻，又能策應助攻隊友。第二，幾名外線進攻隊員都具有遠投能力，都是「投籃手」。惟其如此，才能根據防守方的變化，進行合理的進攻方式和攻擊點的選擇。

五、內線隊員策應「內攻」的進攻方式

（1）參戰陣容
①費雪（控球後衛）；　②科比（攻擊後衛）；
③亞泰斯特（小前鋒）；④歐登（大前鋒）；
⑤加索（中鋒）。

（2）戰術進行過程
如圖3－5－1所示，控球後衛費雪傳球給科比，然後

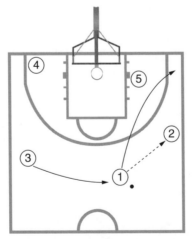

圖3－5－1　中鋒策應「內攻」

快速移動到右側底角，與中鋒加索、攻擊後衛科比形成右側的「大進攻三角」。此時，亞泰斯特向中間高位移動，彌補中間的空缺，並保持整體進攻形態的「攻守平衡」。

　　如圖3－5－2所示，科比直接傳球給中鋒加索，然後直接向內線切入。科比是一個頗具威脅的隊員，他的行動往往引起防守方的「主要關注」，從而「解放」了其他進攻隊員。因此，科比的掩護往往更有成效而能使隊友獲得更好的進攻時機。

　　如圖3－5－3所示，科比的「高效掩護」吸引了防守方的重點關注，使歐登能夠利用掩護，擺脫防守，移動到罰球線附近，然後，乘防守不備，快速向內線切入，接加索策應傳球上籃得分。

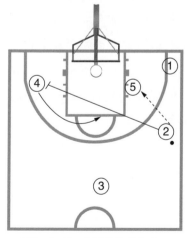

圖3－5－2　中鋒策應「內攻」

圖3－5－3　中鋒策應「內攻」

(3) 戰術解析

這種進攻戰術的關鍵點在於：第一，「重點攻擊人」的掩護行動往往能起到奇特的助攻效果。第二，高大內線隊員的策應助攻能力。第三，兩名內線進攻隊員之間在戰術中形成攻擊合力的能力。

六、本節結語

「大進攻三角」進攻方式是最經典的三角進攻方式，它有如下戰術特點：

第一，三角進攻戰術能起到幫助內線進攻隊員「接球」，進而幫助其進行籃下強攻的作用。而進行籃下強攻，是三角進攻戰術最主要的戰術目的之一。本文認為：「進攻三角」最直接的戰術作用就是使內線進攻隊員可以從兩個角度接球，使一名防守隊員無法阻隔內線進攻隊員接球。而只有讓內線進攻隊員接到「適手」的球，才能發揮其內線進攻技術。三角進攻戰術的這種作用與沒有使用三角進攻戰術的球隊相比，它的實戰效用是顯而易見的，一些沒有使用三角進攻戰術的球隊，就因為不能解決內線進攻隊員「接球」問題，而使內線進攻隊員不能充分發揮進攻威力。比如：火箭隊中鋒姚明經常遇到對手「繞前防守」接不到球，因此不能充分發揮其內線進攻技術。而歐登在太陽隊「失落」的重要原因，也是因為太陽隊根本就沒有一種讓他在籃下接球強攻的主要戰術所致。由此可知：要想發揮內線進攻隊員的威脅，首先要解決「接球」問題。三角進攻戰術，就是由首先解決內線進攻隊員的

「接球」問題，進而充分發揮內線進攻隊員威脅的進攻戰術。

第二，當內線進攻隊員受到「包夾」時，內線進攻隊員策應傳球、助攻外線隊員遠投，是三角進攻籃下強攻戰術過程的「自然反應」，這種「自然反應」即是由內線強攻的轉換方式，使內、外線進攻有機地結合起來，進而使三角進攻戰術具有更強的功效和實用性。在內、外線進攻的轉換中，往往是從內線打到外線，因為，防守方對內線進攻的破壞，必然以喪失對外線進攻的嚴防為代價。而三角進攻戰術要想使戰術本身具有持續性功效，就必然從外線進攻上做出持續性「應對」，這種「應對」必須是一種頗具威脅的攻擊方式和很有成效的幾個攻擊點。惟其如此，才能有效地抓住瞬息即逝的外線進攻時機。比如：湖人隊的場上陣容中幾名外線隊員都是NBA著名的「投籃手」，菲爾‧傑克森甚至讓控球後衛都必須是優秀的「投籃手」。由此可知，優秀的「投籃手」之於三角進攻戰術的重要程度甚至大於掌控進攻過程，而掌控進攻戰術進程最主要靠三角進攻戰術本身的「應對性」。

第三，三角進攻戰術的「應對性」還表現為：當它進行籃下強攻受阻後，不但能夠轉換為外線進攻，而且在被防守方「識破」並有所防範後，「應對」地轉換為另一種內線隊員的進攻，使三角進攻戰術的方式轉換更加豐富多樣、機動靈活。這種多方式進攻轉換的關鍵是需要一名既能強攻又能策應的高大內線進攻隊員。這一點，從湖人隊近幾個賽季比賽成績的根本性變化上清楚看到：當加索來

到湖人隊之後，湖人隊的三角進攻戰術變得銳不可擋，其主要原因就是加索不但具有籃下強攻的能力，更重要的是加索具有很強的策應助攻能力。加索加入湖人隊之後，使湖人隊不但籃下強攻威力增加，更重要的是藉由籃下的威脅，迫使防守方縮小防禦區域，使外線進攻和另一個內線進攻點獲得更多良好進攻時機，並且使湖人隊內、外線進攻更好地結合起來。

綜上所述，可以看出：經典的「大三角」進攻戰術首先看重的是籃下強攻的進攻方式。當這種強攻方式受阻時，三角進攻戰術的「應對性」就會發揮作用，籃下強攻轉換為外線或另一名內線隊員的進攻。三角進攻戰術的「應對性」使戰術本身方式多樣、機動靈活。

第三節 「移動三角」的進攻方式

菲爾‧傑克森的三角進攻戰術具有「移動」的性質。菲爾‧傑克森的進攻三角有相當一部分是在「移動」中建立的。「移動三角」的建立方式為：先在一側預先建立進攻三角的兩個「底角」，然後，再把「潛伏」在另一側的高大內線隊員，透過有掩護的移動，成為擺脫了防守的「三角頂點」，形成「移動三角」。

顯而易見，這種「移動三角」更容易讓內線進攻隊員接球進攻和策應助攻。因此，「移動三角」進攻方式的進攻效率也相應高於其他三角進攻方式。只是「移動三角」的建立卻比建立其他進攻三角要困難得多。

一、「移動」籃下強攻的進攻方式

(1) 參戰陣容

①費雪（控球後衛）；　②科比（攻擊後衛）；

③亞泰斯特（小前鋒）；④歐登（大前鋒）；

⑤加索（中鋒）。

(2) 戰術進行過程

如圖3－6－1所示，控球後衛費雪傳球給亞泰斯特，然後快速移動到右側底角。與此同時，科比移動到中間高位，彌補中間的空缺，並保持「攻守平衡」。

如圖3－6－2所示，亞泰斯特傳球給移動到底角的費雪。與此同時，「潛伏」在左側的歐登利用加索的掩護，擺脫防守，移動到右側罰球區腰部，成為「移動三角」的頂點。一個「移動三角」在右側建立起來。

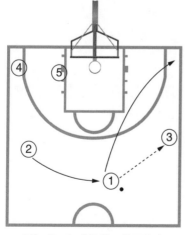

圖3－6－1 「移動」籃下強攻

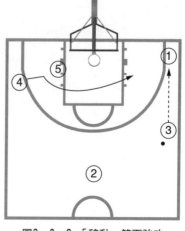

圖3－6－2 「移動」籃下強攻

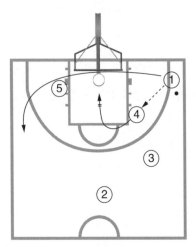

圖3-6-3 「移動」籃下強攻

　　如圖3-6-3所示，費雪傳球給移動到右側的歐登，然後，費雪快速移動到左側，為歐登籃下強攻拉開進攻空間。歐登接球後從「上線」運球強行攻擊。

（3）戰術解析

　　這種進攻戰術的關鍵點在於：

　　第一，「移動三角」進攻方式與其他三角進攻方式的最大區別是它的「移動性」，它的「移動性」使之具有相當強的戰術「隱蔽性」，並由此產生難以防禦的進攻效果。

　　第二，移動進攻能力強的人，有利於參與「移動三角」進攻。比如：歐登的籃下強攻能力並不強，但他的移動進攻能力強，所以，他能在進攻中發揮移動中籃下攻擊能力。

二、「移動」內線隊員策應遠投的進攻方式

(1) 參戰陣容

①費雪（控球後衛）； ②科比（攻擊後衛）；

③亞泰斯特（小前鋒）； ④加索（大前鋒）；

⑤拜納（中鋒）。

(2) 戰術進行過程

如圖3－7－1所示：費雪傳球給亞泰斯特，然後他快速移動到底角，接亞泰斯特的傳球，與亞泰斯特一起形成「移動三角」的兩個「底角」。與此同時科比移動到中間高位，彌補中間的空缺，並保持「攻守平衡」。

如圖3－7－2所示，「潛伏」在左側的加索利用拜納掩護，擺脫防守，移動到右側，成為「移動三角」的頂點。然後，加索接費雪傳球，形成對防守內線的強大

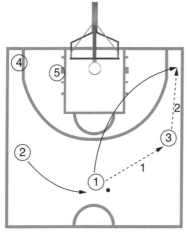

圖3－7－1 「移動」中鋒策應遠投

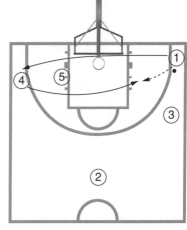

圖3－7－2 「移動」中鋒策應遠投

威脅。同時,費雪快速移動到左側,為加索籃下進攻拉開空間。

如圖3－7－3所示,加索持球後遇到防守「包夾」,同時也迫使防守方縮小防區,使外線隊友獲得進攻時機。加索因勢利導,順勢策應傳球給科比,科比接球後遇到防守隊員快速補防,於是科比傳球給移動到左側底角的費雪,費雪接球投籃得分。

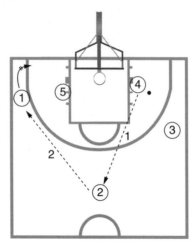

圖3－7－3 「移動」中鋒策應遠投

(3) 戰術解析

這種進攻戰術的關鍵點在於:

第一,「移動三角」進攻對「移動」中鋒的戰術要求高,他不但要求中鋒具有進攻和策應助攻能力,而且要求較強的移動能力,要能在移動中實現中鋒的進攻作用。

第二,「移動」三角進攻戰術要求整體戰術的各部分之間的銜接性強,兩個「底角」的落位與三角「頂點」的

到位要緊密連結，先後有序，否則就會空有籌畫、勞而無功。

三、「移動」內線隊員策應內攻的進攻方式

（1）參戰陣容

①費雪（控球後衛）； ②科比（攻擊後衛）；

③亞泰斯特（小前鋒）；④歐登（大前鋒）；

⑤加索（中鋒）。

（2）戰術進行過程

如圖3－8－1所示，費雪運球到右側，科比移動到右側底角，形成兩名隊員在底角；與此同時，「潛伏」在左側的加索利用歐登的掩護移動到右側，成為「移動三角」的頂點，使「移動三角」建立起來。同時，亞泰斯特移動到中間高位，彌補中間空缺，並保持「攻守平衡」。

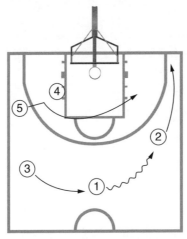

圖3－8－1 「移動」中鋒策應內攻

如圖3－8－2所示，費雪傳球給加索，然後反身給底角的科比掩護。這種兩名隊員由掩護擺脫防守獲得進攻機會的戰術配合，是三角進攻戰術的反應配合之一。它反映了三角進攻戰術的反應先從「近體」開始的規律。

如圖3－8－3所示，科比利用費雪的掩護，從「上線」空切；加索利用持球牽制防守方，然後，傳球給科比，科比接球後運球上籃得分。

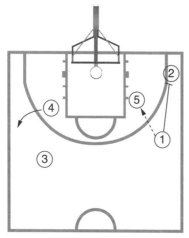

圖3－8－2 「移動」中鋒策應內攻

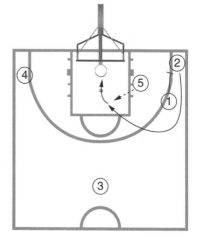

圖3－8－3 「移動」中鋒策應內攻

(3) 戰術解析

這種進攻戰術的關鍵點在於：

第一，當籃下強攻獲得攻擊效益之後，必然遭到防守方嚴密防守；而「移動」中鋒對防守方的牽制，又給隊員創造許多進攻機會，因此，選擇進攻機會尤為重要。

第二，選擇進攻機會就要求外線進攻隊員技術的全面性。要既能進行外線遠投，又能運球突破，惟其如此，才

能在外線遠投機會消失之後，馬上抓住運球突破的機會，使三角進攻戰術的變化形式層出不窮。

四、「移動」式內線隊員進攻方式

(1) 參戰陣容

①費雪（控球後衛）；　②科比（攻擊後衛）；

③亞泰斯特（小前鋒）；④歐登（大前鋒）；

⑤加索（中鋒）。

(2) 戰術進行過程

如圖3-9-1所示，費雪傳球給亞泰斯特，然後移動到左側底角，與亞泰斯特、加索形成進攻三角。亞泰斯特傳球給加索，形成內線進攻威脅。

如圖3-9-2所示，亞泰斯特傳球後，立即與加索進行策應配合，亞泰斯特沿「上線」向內線切入。接加索

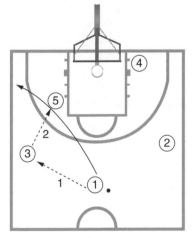

圖3-9-1 「移動」中鋒攻擊

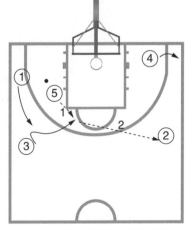

圖3-9-2 「移動」中鋒攻擊

回傳球準備向內線攻擊，遇到防守方「重兵」防禦，改直接攻擊為助攻，乘外線防守之虛傳球給隊友科比。與此同時，內線隊員歐登悄悄移動到右側底角，騰空了右側內線。

如圖3－9－3所示，科比傳球給移動到右側底角的歐登。與此同時，傳球後的亞泰斯特轉身給加索掩護，加索利用掩護移動到右側，成為「移動」三角的頂點。歐登乘加索的防守「脫防」，傳球給加索，加索接球轉身投籃得分。

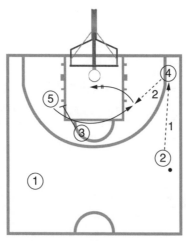

圖3－9－3 「移動」中鋒攻擊

(3) 戰術解析

這種進攻戰術的關鍵點在於：

第一，這是一次戰術內容「複雜」、戰術過程繁複的「移動」三角進攻戰術。它先在左側進行一次三角戰術配合，然後，再移動到右側進行第二次三角戰術配合。

第二，整體進攻經歷了從外到內、再由內到外，又由外到內的過程，在這個過程中運用了幾乎所有的陣地進攻技術。這說明三角進攻戰術的技術可容性極強，實戰「反應」非常敏銳。三角進攻戰術是一種「反應敏銳」、遇難則變的實用性很強的進攻戰術。

五、本節結語

　　「移動」三角進攻方式是程式最繁複、內容最豐富的三角進攻方式，它有如下戰術特點：

　　第一，戰術過程的繁複性。顯而易見，除非具有超級高大中鋒（比如：以前湖人隊的歐尼爾等）才能「以靜制動」地、一成不變地實施「固定」的三角進攻戰術。否則，就必須追求創造性變化；追求一種既保持三角進攻戰術特點，又具有適應實戰需求的新型三角進攻戰術形式。而這種新型三角進攻戰術形式，就是「移動」三角進攻戰術。所謂「移動」三角進攻戰術，就是預先設置兩個「底角」，然後再把「潛伏」在另一側的高大內線隊員，透過掩護擺脫防守，突然「落位」在罰球區腰部，成為「移動三角」頂點。「移動三角」建立之後，再實施三角進攻過程。由此可知，「移動三角」的建立具有相當強的「隱蔽性」，但也因此而使「移動」三角進攻過程變得繁複、戰術層次繁多。與此相適應，「移動」三角進攻戰術的內容也相應地變得多而豐富。

　　第二，戰術內容的豐富性。「移動」三角進攻戰術實質是透過「移動」佔據攻守先機。「潛伏移動」的三角

頂點比「固定頂點」更容易接球進攻，並能夠佔據攻守的有利位置，這種有利位置則會迫使防守方漏出更多破綻。而防守方更多的破綻則使進攻方有更多的攻擊選擇，並使「移動」三角進攻戰術因此豐富了戰術內容。比如：第四種「移動」三角進攻戰術就是一個很好的戰例。它先從外到內、再由內到外，又由外到內，透過人動球動，反覆調動防守，使防守方疲於補防，漏洞多，防不勝防。最終被進攻方抓住內線漏洞，一擊致命。由此可知，運用「移動」搶得的先機，使進攻方爭得主動並獲得多點攻擊選擇；多點攻擊選擇可以從容選出最佳進攻時機，戰術的豐富內容顯然增加了戰術的功效。

第三，戰術配合的連結機制。複雜的戰術過程、豐富的戰術內容，都要求戰術配合之間具有良好的連結機制。否則，複雜會出現忙亂。「移動」三角進攻戰術配合之間是以攻擊轉換為「分界」的，每一次攻擊轉換都是迫使防守方放棄某一方面的防禦，而進攻方下一個配合都發生在防守方放棄防禦的方面。由此可以看出：「移動」三角進攻戰術的配合連結機制是一種以「實戰需要」為內涵的連結機制。所以，這種連結機制經得起實戰考驗，可以有效連結複雜的戰術過程和豐富的戰術內容。

綜上所述，可以看出：「移動」三角進攻戰術具有複雜的戰術過程和豐富的戰術內容。它蘊含著許多良好的進攻時機，並因此使之具有強大的進攻功效。它的連結機制是以「實戰需要」為內涵的連結機制，並因此具有良好的銜接戰術配合功能。

第四節　「換位」三角進攻方式

當進攻陣容在三角進攻戰術移動過程中實現「內、外線換位」後，往往出現在內線小個隊員「一對一」的進攻時機，而有計劃地創造小個隊員利用「中鋒技術動作」進行「內線強攻」的整體進攻戰術打法，是三角進攻戰術「外線內打」的重要攻擊方式。

這種進攻方式，始現於傑克森「三角進攻」戰術，傑克森運用這種戰術，創造了麥可‧喬丹利用「運球轉身後仰跳投」的中鋒技術動作進行「內線強攻」的整體進攻戰術打法，造就了公牛隊第二次奪取NBA「三連冠」。

這種進攻方式囊括了三角進攻戰術所有內攻外聯、內外結合的進攻形式。而最大的不同就是把三角進攻的「頂點」換成「小個隊員」，以「小個隊員」擔當內線強攻、策應助攻的「戰術中樞」。

一、「換位」內線強攻的進攻方式

(1) 參戰陣容

①費雪（控球後衛）；　②科比（攻擊後衛）；

③亞泰斯特（小前鋒）；④歐登（大前鋒）；

⑤加索（中鋒）。

(2) 戰術進行過程

如圖3－10－1所示，費雪運球到左側傳球給底角的歐登，歐登傳球給內線的加索。這時防守方的注意力都

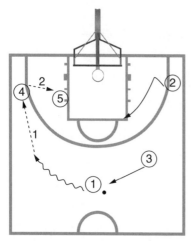

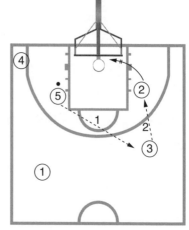

圖3－10－1　「換位」內線強攻　　　　圖3－10－2　「換位」內線強攻

集中在左側，故而忽略了對右側的關注。於是，落位在右側的科比乘虛移動到右側內線「潛伏」下來。

　　如圖3－10－2所示，加索接球後受到了防守方「包夾」，並因此放鬆了對外線的關注。加索乘虛傳球給外線隊友亞泰斯特，亞泰斯特接球後遇到防守方快速「輪轉補防」，於是，亞泰斯特傳球給「潛伏」在內線的科比，科比接球後運用運球轉身跳投技術強攻籃下得分。

　　(3) 戰術解析

　　這種進攻戰術的關鍵點在於：

　　第一，整個戰術過程包括兩個部分；其一，左側「固定式」三角進攻轉為策應；其二，進攻鋒芒由內到外後、再由外到內進行籃下強攻。

　　第二，外線隊員籃下強攻。傑克森戰術思想中總有「外線內攻」的因素存在。以前是喬丹，現在是科比，都

是用攻擊能力最強的隊員進行「外線內攻」。

二、外線策應內攻的進攻方式

(1) 參戰陣容

①費雪（控球後衛）；　②科比（攻擊後衛）；

③亞泰斯特（小前鋒）；④歐登（大前鋒）；

⑤拜納（中鋒）。

(2) 戰術進行過程

如圖3-11-1所示，費雪運球到右側，科比移動到內線，原來站在內線的歐登相機移動到右側底角，形成以小個隊員為頂點的「換位」進攻三角。

如圖3-11-2所示，費雪傳球給移動到底角的歐登，歐登傳球給移動到內線的科比。需要強調的是：科比是湖人隊第一攻擊手，因此科比接球總能吸引防守方重

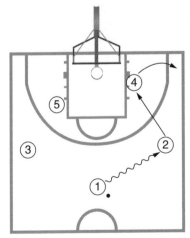

圖3-11-1　外線策應內攻

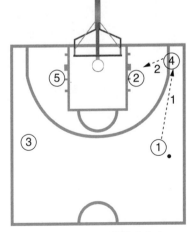

圖3-11-2　外線策應內攻

點關注和重兵設防,並放鬆對其他進攻隊員的防守。當科比持球的時候,利用他的「牽制」並讓他策應助攻其他進攻隊員,往往獲得非常好的進攻效果。

如圖3-11-3所示,科比強大的進攻威脅吸引了防守方的重點關注,使其他進攻隊員獲得較為輕鬆的行動環境,拜納利用這種環境,繞到罰球區正面突然切入,接科比策應傳球,然後上籃得分。

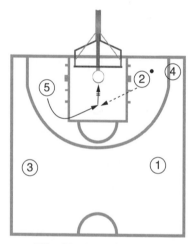

圖3-11-3　外線策應內攻

(3) 戰術解析

這種進攻戰術的關鍵點在於:

第一,科比強大的進攻威脅,能夠牽制防守並使其他進攻隊友獲得「寬鬆」環境。一旦這種局面出現,很容易進行戰術配合,進而創造進攻時機。

第二,其他進攻隊友應該善於抓住這種機會,積極行動並與科比形成良好的配合默契。只有建立了配合默契,

才能形成「戰術合力」，在「寬鬆」環境中創造攻擊時機並使之成功。

三、三角「轉移弱側」傳切的進攻方式

(1) 參戰陣容

①費雪（控球後衛）；　②科比（攻擊後衛）；

③亞泰斯特（小前鋒）；④歐登（大前鋒）；

⑤加索（中鋒）。

(2) 戰術進行過程

如圖3－12－1所示，費雪運球到左側，與底角的歐登、站在內線的加索形成進攻三角。

然後，費雪傳球給底角的歐登，歐登再傳球給內線的加索，形成內線進攻威脅。

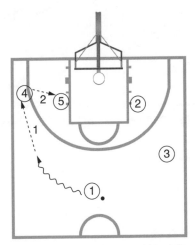

圖3－12－1 「轉移弱側」傳切攻擊

如圖3－12－2所示，加索接球後引起防守方的「包夾」，於是加索乘機傳球到「弱側」，把球傳給「弱側」外線隊友亞泰斯特。與此同時，站在「弱側」內線的科比悄悄移動到外線底角。

　　如圖3－12－3所示，亞泰斯特接球後準備投籃，遇到防守方快速「輪轉補防」，改投為傳，傳球給底角的科比，然後快速沿「外側」向內線切入。科比接球後，引起防守不顧一切的補防，致使防守內線空虛，科比乘機傳球給切入的亞泰斯特，亞泰斯特接球上籃得分。

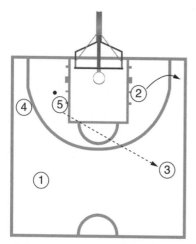

圖3－12－2 「轉移弱側」傳切攻擊

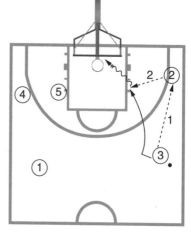

圖3－12－3 「轉移弱側」傳切攻擊

（3）戰術解析

　　這種進攻戰術的關鍵點在於：

　　第一，這是一種由三角進攻開始，原先預攻籃下，遇到重兵防守，然後轉移到「弱側」攻擊的戰術。從本質上講，這也是一種「戰術反應」，但是，這種「戰術反應」

很大，從「強側」轉移到「弱側」，是一種虛強實弱、聲東擊西的「轉移」攻擊戰術。

　　第二，科比的強大攻擊威脅，依然起著重要的「牽制」作用。正是這種「牽制」作用，使防守方內線防線「洞開」，進攻方使用一個簡單的「傳切」配合，就可以取得很好的進攻效果。

四、「換位」策應遠投的進攻方式

　　(1) 參戰陣容
　　①費雪（控球後衛）；　　②科比（攻擊後衛）；
　　③亞泰斯特（小前鋒）；④歐登（大前鋒）；
　　⑤加索（中鋒）。
　　(2) 戰術進行過程
　　如圖3－13－1所示，費雪運球到左側，身居內線的歐登移動到底角，身居外線的科比移動到內線，歐登與科比由移動「換位」與費雪在左側建立起「進攻三角」。

　　如圖3－13－2所示，費雪傳球給底角的歐登，歐登傳球給科比，形成內線威脅。與此同時，加索相機向底線移動，試圖躲開防守

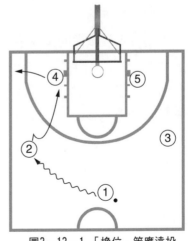

圖3－13－1　「換位」策應遠投

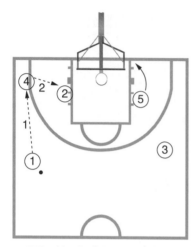

圖3－13－2 「換位」策應遠投

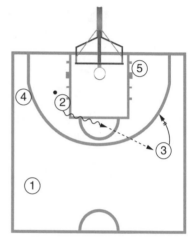

圖3－13－3 「換位」策應遠投

方的注意。

如圖3－13－3所示，科比接球後遇到防守方重兵密集圍防，於是運球向上線突破，乘機傳球給外線隊友亞泰斯特，亞泰斯特接球投籃得分。

(3) 戰術解析

這種進攻戰術的關鍵點在於：

第一，「小個」隊員的內線策應因為缺乏「高度」而很難在「原地」進行，但是「小個」隊員的身體靈活性與技術多樣性又強於高大隊員，所以，「小個」隊員內線策應往往由運球突破，擺脫防守緊逼，獲得策應「條件」才能進行。科比的這次內線運球策應就是最好的戰例。

第二，科比強大的攻擊威脅在於：只要持球，就有威脅，而不僅僅限於某一區域或某種條件。所以，科比的內線策應，往往能讓外線隊員獲得更好的進攻時機。

五、「避實就虛」的進攻方式

(1) 參戰陣容

①費雪（控球後衛）；　②科比（攻擊後衛）；

③亞泰斯特（小前鋒）；④加索（大前鋒）；

⑤拜納（中鋒）。

(2) 戰術進行過程

如圖3－14－1所示，在進攻戰術進行之前，左側已經建立了一個進攻三角，而且科比也落位在左側，因此，這種進攻陣型把防守方的注意力吸引到左側，並把防守重兵佈置在左側。這時費雪卻「避實就虛」把球傳到防守虛弱的右側，傳球給「紮根」在右側內線的亞泰斯特。

如圖3－14－2所示，費雪傳球後，向有球一側快速「包抄」，接亞泰斯特的回傳球後，運球沿底線向籃下突破，遇到防守方攔截，費雪策應傳球給亞泰斯特。

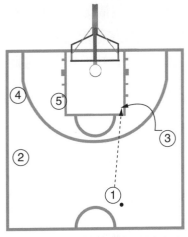

圖3－14－1 「避實就虛」進攻方式

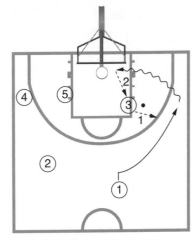

圖3－14－2 「避實就虛」進攻方式

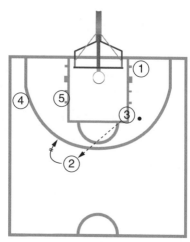

圖3-14-3 「避實就虛」進攻方式

　　如圖3-14-3所示，右側的「策應」配合打得「轟轟烈烈」，使防守方感到「受騙上當」，迅速轉移防守重點，把防守重兵回防到「有球一側」。因此，內線持球隊員亞泰斯特受到防守方「圍追堵截」，並由此放鬆了對外線的「嚴防」。亞泰斯特「抓住」這種情況，做出快速「反應」，傳球給外線隊友科比；科比接球後遇到防守快速「輪轉補防」，科比運用「運球急停跳投」技術，擺脫防守投籃得分。

　　(3) 戰術解析

　　這種進攻戰術的關鍵點在於：

　　第一，進攻方左側的「虛張聲勢」要做得逼真，並要配置重要進攻隊員。這樣才能騙得防守方「上當」和佈置錯誤防守陣型。

　　第二，真實的進攻要打得「有聲有色」。這樣才能使

防守方在「回防」過程中犯下「無法改正的錯誤」，而使進攻方獲得良好的進攻時機，並一擊致命。

六、本節結語

「換位」三角進攻方式在戰術形式上與其他三角進攻方式基本相同，所不同的是進攻三角「頂點」的人員設置安排。但是，這一點小小不同卻蘊含著非常重要的意義。這是因為：

第一，進攻三角的「頂點」區域是最重要的進攻區域。這一區域是防守方不能「拒絕」進攻方「進入」的、離籃圈最近的、進攻威脅最大的區域。

第二，進攻戰術的本質是設置幫助進攻隊員技術發揮的戰術配合，首先要設置的是幫助第一主力技術發揮的戰術配合，而要做到這一點，就應該把第一主力放到進攻威脅最大的區域，亦即進攻三角的「頂點」。

第三，NBA衡量優秀進攻隊員的標準：一位隊員不僅僅要能取得高進攻效益，而且還要能在關鍵時刻、在激烈對抗的情況下取得高進攻效益。三角進攻戰術要求進攻三角的「頂點」必須在進攻的關鍵時刻、在激烈對抗的環境中創造高進攻效益，三角進攻戰術的要求與NBA衡量優秀進攻隊員的標準完全一致。因此，三角進攻戰術要求三角「頂點」必須是NBA優秀進攻隊員，而只有NBA最優秀的隊員充當三角「頂點」，才能使三角進攻戰術產生最大的進攻效率。

基於以上三點，可以看出：「換位」三角進攻戰術與

其他三角進攻戰術有重要區別，它把第一主力放在進攻威脅最大的區域，以期在最關鍵時刻，讓第一主力發揮最主要的進攻作用，並且使三角進攻戰術發揮最大的進攻效益。正因為如此，「換位」三角進攻戰術發揮出如下進攻效益：

第一，在比賽最關鍵時刻，讓第一主力承擔最重要的攻擊責任。傑克森說過：「喬丹就像一個銀行，想什麼時候取錢，就什麼時候取錢。」意思是說：喬丹總能在傑克森想要他發揮作用的時候得分，挽狂瀾於既倒。之所以如此，是因為傑克森讓喬丹擔任三角「頂點」，在最關鍵時刻，在進攻威脅最大的區域發揮喬丹進攻方面的作用。

第二，第一主力的籃下牽制作用大於一般高大內線隊員。第一主力也是第一防守重點，當第一主力站在進攻威脅最大區域時，勢必引起防守方最大的關注和最重點的「圍追堵截」，這就會使其他進攻隊員獲得更寬鬆的進攻環境和得到更好的進攻時機。儘管「小個隊員」的內線策應難於高大隊員，但是，「小個隊員」的技術全面性和身體靈活性都好於高大隊員，這就使「小個隊員」能夠完成「高難度」的內線策應，實現更好的「由內到外」的助攻作用，創造更好的外線進攻機會。

綜上所述，可以看出：「換位」三角進攻戰術實質上是一種把第一主力放在最有進攻威脅位置進行攻擊的三角進攻戰術。它能更充分發揮第一主力的攻擊能力和策應助攻能力，使三角進攻的功效與第一主力的進攻作用更有效地結合起來。

第四章　普林斯頓進攻戰術

第一節　普林斯頓進攻戰術理念

　　普林斯頓進攻戰術的締造者並不是國王隊教練阿德爾曼，而是普林斯頓大學的老教練皮特・卡里爾（PETE CARRIL）。就像「禪師」菲爾・傑克森（Phil Jackson）之於三角進攻戰術一樣，阿德爾曼（Rick Adelman）也只是普林斯頓進攻戰術的擁躉之一。2002年ＮＢＡ西部決賽沙加緬度國王隊和洛杉磯湖人隊的七場大戰，使普林斯頓進攻戰術以其靈活機動的進攻方式和驚人的攻擊效率昭示於世人之前而讓人震驚。阿德爾曼使普林斯頓進攻戰術獲得了最大的使用效益和最高欣賞價值。

　　普林斯頓進攻戰術與其他進攻戰術最本質的區別在於：它並不是一種按固定路線進攻的戰術體系，而是一種沒有固定套路的「開放式」進攻戰術打法。它不是依靠執行固定的戰術配合設計，而是透過不斷的移動來「自由地」創造進攻機會。在這個靈活性很強的體系中，場上的所有球員在球隊進攻中都能找到適合自己的位置並充分發揮自己的技術能力。

　　因為普林斯頓進攻戰術是一種「無固定結構」、無

預定戰術套路設計的「自由式」進攻模式。所以它往往能獲得「後發先至」戰術效果，取得攻守戰術應對上的主動權。在實戰中，任何精妙的戰術設計在實施幾次之後，都會被對手識破並採取相應的應對措施；一旦這種情況出現，預定戰術的實施即會出現阻滯和被破壞的現象。這時，進攻方則會採用「預先設計」戰術的變換方式來改變不利的戰局。但是，這種戰術的變換是有限的，更重要的是這種戰術變換的有效性也是有限的。而只有根據對手情況，隨機進行「後發制人」的戰術配合，才能「後發先至」，取得攻守戰術應對上的優勢。在這一點上，普林斯頓自由式進攻模式具有比其他所有進攻戰術體系更機動、靈活，更能獲得攻守應對主動的優秀品質。

普林斯頓進攻戰術雖然是一種「無固定結構」、無預定戰術套路設計的「自由式」進攻模式。但是，它在實施時必須遵循兩大原則：

第一，高大內線隊員上提到罰球線以外。由於普林斯頓戰術要求高大內線隊員能夠進行遠投攻擊，所以當高大內線隊員在外線持球時，防守方內線高大隊員被迫跟隨上提，造成防守方內線空虛；這就為進攻方各個位置隊員由外向內的空切（多數是背向空切）和反跑等戰術行動的採用，提供了條件。值得注意的是：空切和反跑形成的傳切和策應配合，是普林斯頓戰術的主要配合。從這個意義上說，高大內線隊員上提到罰球線以外的戰術行動，為普林斯頓戰術的實施，創造了有利的「地域環境」。

第二，普林斯頓戰術要求5個位置的隊員都具有很強

的進攻能力，這就迫使防守隊員必須採取「逼迫性、擴大式」防守、必須非常專注地防守自己的「對象」而無暇參與協防行動；當進攻隊員在外線移動時，防守隊員的「逼迫性、擴大式」防守（特別是搶斷球的行動）在客觀上也造成了防守方內線的空虛，為進攻隊員的由外向內空切和反跑，提供了不可或缺的條件。

　　普林斯頓戰術強調拉空防守的內線區域，為空切、反跑創造有利條件，實質上是為它的進攻模式創造了能夠「自由地」實施戰術配合的必要環境。

　　在「自由地」環境中，隨機地採用合理的戰術配合，就必須對戰術執行人的技術要求很高。在技術方面，普林斯頓戰術要求球員擁有出色的外線投籃能力、傳球以及左右兼顧的突破能力。

　　這種技術要求的內涵是：每個位置的戰術執行人必須具有本位置和「臨近」位置（兩個位置）的技術。亦即：中鋒隊員必須具有中鋒和大前鋒的技術；大前鋒必須具有大前鋒和小前鋒的技術；小前鋒必須具有小前鋒和攻擊後位的技術；攻擊後衛必須具有組織後衛和攻擊後衛的技術；組織後衛也必須具有組織後衛和攻擊後衛的技術。惟其如此，才能執行普林斯頓戰術內外貫通、自如攻擊、內線遠投、外線內打的中心思想。惟其如此，戰術執行人才能在「自由地」環境中採取「自由而合理」的戰術行動。

　　而在所有技術要求中，最為重要的是對高大內線隊員的技術要求。它不但要求兩個高大隊員能夠內外攻擊，而且要求他們能夠縱觀全局、策應隊友攻擊、執行「第二次

組織進攻」。這是普林斯頓戰術的核心：「高大內線隊員
的罰球線策應」。高大內線隊員的這種戰術行動吸引了防
守的高度關注、拉空了防守內線，使縱穿、橫切的隊友能
恰到好處地接球攻擊、或在防守薄弱的外線投籃。薩博尼
斯「精確地像電腦一樣的傳球」、迪瓦茲精妙的策應、韋
伯隨心所欲的攻擊和恰到好處的傳球，都是普林斯頓戰術
所需要的高大內線隊員的典範。

　　普林斯頓戰術要求高大內線隊員必須做到智慧和技巧
的完美結合；在籃球運動中最能體現智慧與技巧完美結合
的戰術行動，莫過於精妙的「助攻」，那種「精確得像電
腦一樣的傳球助攻」，更多地體現了與隊友心領神會的默
契、洞察和抓住防守漏洞的敏銳，以及兩者相加的智慧與
技巧的完美結合。而在更多地展現「力與美」的籃球運動
中，這種「智慧與技巧」的完美結合顯得更為難能可貴。
這種「智慧與技巧」完美結合的戰術行動的意義在於：它
智慧地使普林斯頓戰術能夠「自由地」實施和運轉，並產
生相當高的進攻效益。

　　要實現普林斯頓戰術「自由地」實施和運轉，還必須
要求所有球員應具備無私的比賽態度並不斷地努力為隊友
去創造投籃機會；「整體」的自由，往往需要「個體」付
出某種欲望犧牲的代價，而將「個體」融入到「整體」之
中。惟其如此，才能選擇最合理的進攻時機並進行最有效
的攻擊。而這種「個體」的犧牲很快會得到「回報」，當
隊友的進攻吸引了防守注意的時候，自己也能獲得更多的
進攻時機。

除此之外，球員還必須具備對比賽出色的閱讀能力。賦予場上的球員「創造進攻機會的自由權」是普林斯頓進攻戰術的靈魂，如果不具有全面而高超的技術能力和閱讀比賽能力，將無法合理地支配和使用「創造進攻機會的自由權」。最後，由於普林斯頓戰術要求球員在場上不斷地移動，所以擁有良好的體能也成為必需的因素。賦予場上的球員創造進攻機會的自由權，將激發這種「無固定結構」的戰術體系的優勢和潛能。並能彌補場外指導因「間接指揮」而造成的遺漏、失誤或不足。

第二節　普林斯頓進攻戰術實例解析

一、普林斯頓進攻戰術之高位篇

　　透過中鋒在高位的掩護、策應，其他隊員進行外線遠投或空切攻擊，是普林斯頓戰術的主要進攻方式之一。這種進攻戰術首先讓內線高大隊員上提到高位（罰球線以上），當進攻方內線高大隊員在高位持球時，由於其具有很強的高位進攻能力，所以進攻方的這一戰術行動迫使防守方內線高大隊員跟隨上提，造成防守內線空虛。這就營造了進攻方空切、反跑的「環境」，使進攻方可以隨機進行策應、傳切等戰術配合。

　　而當進攻方的傳切、策應等戰術配合獲得進攻效益時，則會迫使防守方再次縮小防守，這又為普林斯頓戰術外線遠投創造了「機遇」。

戰術1：高位策應外線遠投的戰術

(1) 場上陣容

①畢比（控球後衛）； ②克利斯蒂（攻擊後衛）；

③史托亞柯維奇（小前鋒）； ④韋伯（大前鋒）；

⑤迪瓦茨（中鋒）。

如圖4－1所示，②在三分弧頂外持球，④在高位，⑤在低位，①與③在兩側45°三分線外，形成1－3－1落位。

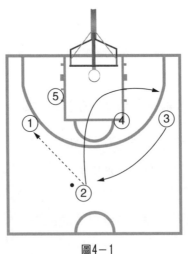

圖4－1

(2) 戰術進行過程

如圖4－2－1所示，①傳球給弧頂的③，觀察後將球傳給站在罰球線的④，③橫切後移動給②掩護。

如圖4－2－2所示，②利用③的掩護快速擺脫防守，在弧頂得到了很好的投籃機會，這時④將球傳出，②接球

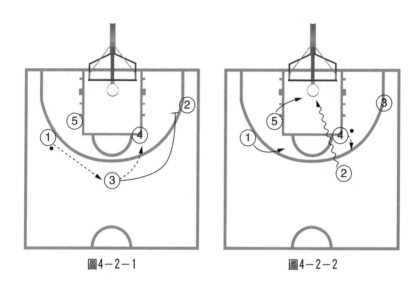

圖4－2－1　　　　　　　　　圖4－2－2

遠距離投籃成功。與此同時，①與③注意迅速回防，以保持「攻守平衡」。

（3）戰術解析

　　第一，這個戰術首先很好地利用了中鋒迪瓦茨高位策應的戰術作用。迪瓦茨是典型的歐洲中鋒，移動靈活，傳球技術細膩，視野很好，他比克里斯・韋伯更適合在高位進行策應。第二，克利斯蒂的掩護使史托亞柯維奇獲得接球遠投時機；策應與掩護兩個戰術行動的協調，是整體戰術獲得成功的關鍵。克里斯・韋伯在低位的威脅也起到重要的牽制作用。這是普林斯頓戰術典型的進攻方式之一。

戰術2：高位策應外線遠投的戰術

（1）場上陣容

①畢比（控球後衛）；　　②克利斯蒂（攻擊後衛）；

③史托亞柯維奇（小前鋒）；　④韋伯（大前鋒）；
⑤迪瓦茨（中鋒）。

如圖4-3所示，⑤落位在弧頂，①持球於45°三分線
外，④在低位，②在右側底角三分線外，③在右側45°三
分線外，形成「不規則」落位陣型。

(2) 戰術進行過程

如圖4-4所示，①傳球給高位的⑤，然後藉助④的
掩護橫切到三分弧頂，⑤將球傳給①投籃。

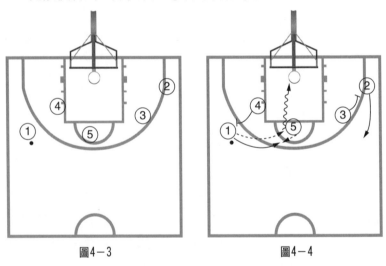

圖4-3　　　　　　　　　　　圖4-4

(3) 戰術解析

第一，由於控球後衛畢比外線投籃的能力出色，所
以這個戰術主要是利用中鋒迪瓦茨的高位策應，同時讓內
線進攻核心克里斯·韋伯給畢比進行掩護，使畢比擺脫防
守，獲得高位遠投時機，投籃成功。第二，作為一名控球
後衛，畢比具有出色的遠投能力。這就使外線進攻增多了

遠投點，給防守方增加了防守難度，使防守方顧此失彼、防不勝防。而進攻方則可以內外結合、相得益彰。

戰術3：高位策應內線攻擊的戰術

（1）場上陣容

①畢比（控球後衛）； ②克利斯蒂（攻擊後衛）；

③史托亞柯維奇（小前鋒）； ④韋伯（大前鋒）；

⑤迪瓦茨（中鋒）。

如圖4－5所示，②持球在45°三分線外，①在弱側三分線外，④在弧頂，③在右側底角三分線外，形成「不規則」落位陣型。

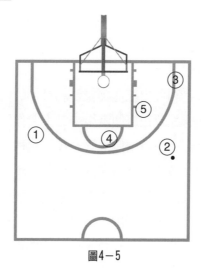

圖4－5

（2）戰術進行過程

如圖4－6－1所示，②把球傳給落在弧頂的④，②縱切給④掩護，③提上弧頂，④傳球給③。

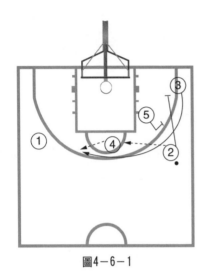

圖4－6－1

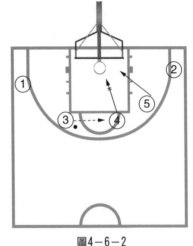

圖4－6－2

　　如圖4－6－2所示，②再將球傳出，④接球投籃，⑤衝搶籃板球，①與②回防。

　　(3) 戰術解析

　　這次進攻是利用史托亞柯維奇和韋伯的內外線配合，最擅長策應的迪瓦茨在這個戰術中的主要作用是掩護，使得史托亞柯維奇在連續兩個掩護之後，獲得充裕的進攻空間，很從容地與高位的韋伯進行短距離的傳切戰術配合。

　　此戰術能看出普林斯頓戰術體系的精髓所在：高位始終有一名內線高大球員接應，以實現拉空防守內線、進行高位策應的戰術意圖。在高位，持球的內線高大隊員既要能助攻隊友，充當進攻的「第二」組織者；也要能在防守疏忽的時候，成為進攻的終結者。惟其如此，才能使有限的戰術形式變化莫測、防不勝防。

戰術4：高位策應切入攻擊的戰術

(1) 場上陣容

①畢比（控球後衛）；　②克利斯蒂（攻擊後衛）；
③史托亞柯維奇（小前鋒）；　④韋伯（大前鋒）；
⑤迪瓦茨（中鋒）。

如圖4－7所示，②在弧頂外持球，③與①分別在兩側45°三分線外，⑤落位在高位，④在低位，形成1－3－1進攻落位。

(2) 戰術進行過程

如圖4－8所示，②傳球給罰球線附近的⑤，②橫切給①掩護，①迅速橫切到籃下，接⑤的傳球上籃。

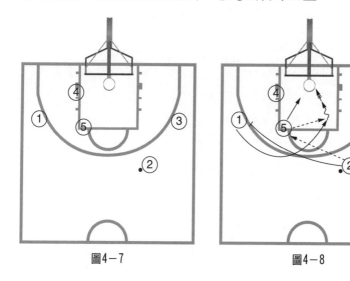

圖4－7　　　　　　　圖4－8

(3) 戰術解析

第一，「最精妙的傳球出於大個子的手裡」的戰術理

念在本戰術裡體現的淋漓盡致：在高位的中鋒迪瓦茨的傳球視野與技術都非常出色。當他持球之後，吸引了防守的注意，使其他進攻隊員的戰術行動，獲得了「自由」的環境。第二，兩名移動速度最快的外線之間的前交叉掩護使防守人容易顧此失彼，稍有不慎，就會被兩名小個子找到切入內線的機會。第三，精準的外線攻擊，使防守必須採用「逼迫現、擴大式」防守，這也為進攻方掩護、穿插、策應、傳切等戰術配合的實施，提供了環境和機遇。

畢比是一名行動速率並不快的控球後衛，他在戰術配合中能獲得良好的空切上籃的機會。這就充分體現了普林斯頓戰術能創造良好策應、空切攻擊機會的強大效能。

戰術5：高位策應外線遠投的戰術

(1) 場上陣容
①畢比（控球後衛）；　②克利斯蒂（攻擊後衛）；
③史托亞柯維奇（小前鋒）；　④韋伯（大前鋒）；
⑤迪瓦茨（中鋒）。

如圖4-9所示，①在弧頂外持球，②在三分線外，④與⑤在高位，③在右側底角三分線外，形成「不規則」落位陣型。

(2) 戰術進行過程
如圖4-10所示，①首先傳球給④；與此同時，②與⑤從不同的地點給③掩護，形成「雙掩護」，③利用「雙掩護」擺脫防守，快速移動到上線，④將球傳出，②接球投籃。④和⑤到籃下拼搶籃板球，①和②則需要迅速回防。

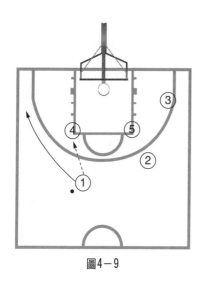

圖4－9

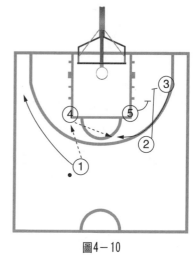

圖4－10

（3）戰術解析

這是一個外線投籃戰術。其投籃時機的獲得主要藉助於三點：第一，高位隊員持球吸引了防守方的注意，為外線投籃時機獲得起到了重要的「牽制」作用。第二，高位持球隊員出色的策應進攻能力。高大內線隊員在高位的策應，恰到好處地傳球給隊友，使他能在擺脫防守的「瞬間」接球投籃。第三，「雙掩護」能更好地幫助隊友擺脫防守、獲得進攻機會。這一點在籃球比賽對抗、爭奪越加激烈的情況下尤為重要。

戰術6：高位策應外線投籃的戰術

（1）場上陣容

①畢比（控球後衛）；　②克利斯蒂（攻擊後衛）；

③史托亞柯維奇（小前鋒）；　④韋伯（大前鋒）；

⑤迪瓦茨（中鋒）。

如圖4-11所示，①在外圍持球，④在高位，②在左側三分線外，③在右側三分線外，⑤落在低位，形成1-3-1落位陣型。

(2) 戰術進行過程

如圖4-12所示，①傳球給④，①迅速為③掩護，③利用掩護、擺脫防守提上弧頂，④透過運球再次給③掩護，然後傳球給③投籃。

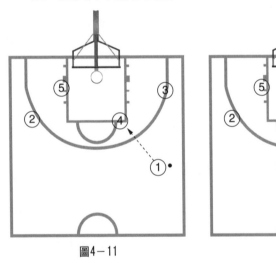

圖4-11

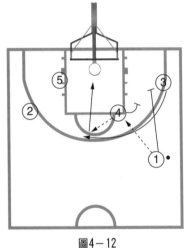

圖4-12

(3) 戰術解析

這是一個外線戰術的變化形式，在畢比給史托賈柯維奇進行無球掩護後，史托賈柯維奇未能完全擺脫防守，韋伯再一次藉助運球，給史托賈柯維奇掩護，使其獲得投籃機會。這個戰例說明：

第一，在高位策應投籃的戰術配合可以產生很多變

化，內線高大隊員可以直接傳球策應，也可以由運球策應；他還可以增加直接攻擊與策應助攻之間的變化。變化越多，越會增加防守判斷的難度；使自己處於「治人」而非「治於人」的主動地位。

第二，接球進攻的隊友必須與持球策應隊員形成戰術默契，必須能夠在移動的過程中，隨時準備接球投籃。只有這樣，才能使策應隊員的假動作騙得了防守而不是隊友，才能使「充滿變化的簡單戰術配合」獲得很高的進攻效益。

戰術7：高位策應的高位進攻戰術

(1) 場上陣容
①畢比（控球後衛）；　②克利斯蒂（攻擊後衛）；
③史托亞柯維奇（小前鋒）；　④韋伯（大前鋒）；
⑤迪瓦茨（中鋒）。

如圖4－13所示，①在三分弧頂附近，②在左側45°三分線外持球，④在強側高位，⑤在弱側低位，③在弱側的0°附近落位，形成「不規則」落位陣型。

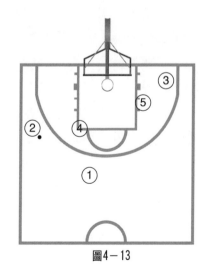

圖4－13

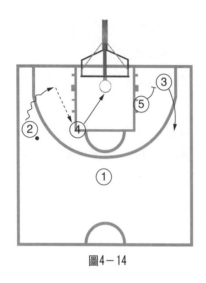

圖4-14

（2）戰術進行過程

如圖4-14所示，②向底線運球突破，遇防守攔截，將球傳給上線隊友④，④接球投籃。與此同時，⑤給③掩護，為戰術實施遇阻創造更多可變化的機會，⑤掩護後切到籃下搶籃板球。

（3）戰術解析

第一，當防守方的注意力都集中在內線隊員的高位策應之上時，兩側外線隊員的運球突破，往往能起到出敵不意的進攻效果。是一種當對手高度注意「高位策應進攻方式」的應對轉換方式。「簡單轉換的效果往往超過精密繁複的不變」。

第二，身居高位的內線高大隊員，既是進攻的「牽制」，又是重要的進攻點。適當的內線高位攻擊，是普林斯頓戰術內外結合理念的重要表現形式。

戰術8：高位擋拆突分遠投的進攻戰術

（1）場上陣容

①畢比（控球後衛）；　②克利斯蒂（攻擊後衛）；

③史托亞柯維奇（小前鋒）；　　④韋伯（大前鋒）；
⑤迪瓦茨（中鋒）。

如圖4－15所示，①在外圍持球，④與⑤落在高位，②與③在兩側0°，形成1－2－2的進攻戰術落位。

（2）戰術進行過程

如圖4－16所示，藉助④高位掩護，①迅速運球突破，同時⑤給②掩護，②提上弧頂三分線外，①運球突破遇防守方攔截時，將球傳到外圍的②投籃，⑤切到籃下搶籃板球，③迅速回防。

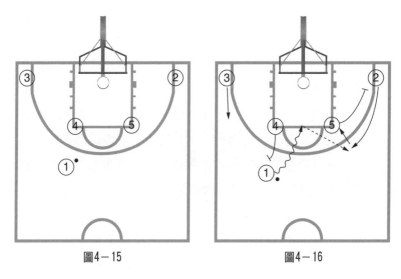

圖4－15　　　　　　　　　圖4－16

（3）戰術解析

第一，在實戰中，身居高位的內線隊員也會遇到防守方嚴防，致使接球困難。此時，改高位策應為高位擋拆往往是一種靈活的變通方式。隨著進攻方式的改變，由內向外策應助攻的方式也隨之改變：由內線隊員高位策應助攻

改為外線隊員運球突分助攻。

第二，除策應助攻方式改變外，普林斯頓戰術的其他運作程式「照舊」運行。當外線隊員運球突破之時，另一個內線隊員為另一側外線隊員掩護，使之獲得外線空位。

第三，高位運球突破與另一側無球掩護配合之間必須先後有序、形成默契。既在運球突破隊員遇到防守攔截、預備分球時，另一側外線隊員剛好獲得外線空位，可以接球投籃。兩個配合融為一體，不留間隔。

二、普林斯頓進攻戰術之低位篇

當普林斯頓戰術在高位的戰術產生效益時，防守方勢必將防守的重點放在高位，使防守的低位出現嚴重的疏漏。當這種攻守態勢出現之時，進攻方的攻擊重點必定轉移到低位。此乃兵法「攻敵之虛」之道。普林斯頓戰術在低位的進攻方式正是這種「用兵之道」的表現形式。

普林斯頓戰術在低位的進攻方式與其他整體進攻戰術的進攻方式相比，有三點明顯區別：

第一，由於它是高位進攻方式的一種「延續」或「轉換」，所以普林斯頓低位持球人員往往不是隊內高大中鋒，而是外線進攻人員或是大前鋒。

第二，由於它在低位持球進攻隊員並不佔有絕對的身高優勢卻佔有相對的技術優勢，所以，普林斯頓低位進攻戰術主要是策應空切攻擊或外線遠投，而不是強攻籃下。

第三，普林斯頓低位進攻戰術多以策應空切、反跑攻擊的形式實現它的進攻價值。這一特點使其保持和發展了

普林斯頓戰術最本質的特點。普林斯頓低位進攻戰術可以隨時隨地在球場的任意一側發動。這一點反映了普林斯頓戰術「自由性、開放式」的性格特徵。

戰術1：UCLA 切入落低位攻擊的戰術

（1）場上陣容

①畢比（控球後衛）；　　②克利斯蒂（攻擊後衛）；

③史托亞柯維奇（小前鋒）；　　④韋伯（大前鋒）；

⑤迪瓦茨（中鋒）。

（2）戰術進行過程

如圖4－17所示，持球者①傳球給邊路的②，然後①利用⑤的高位掩護切入，②看準時機把球傳給切入的①，使①在籃下處於持球攻擊狀態。

如圖4－18，當①在低位形成一對一單打的狀況時，他可選擇直接進攻或者傳球至外圍③、④或者⑤投籃得分。

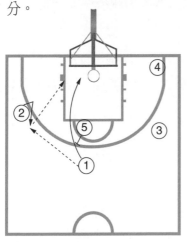

圖4－17

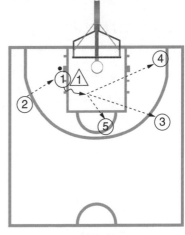

圖4－18

(3) 戰術解析

UCLA切入是美國大學籃球曾經盛行一時的打法，同樣也是藉助內線高大隊員在高位「牽制」而演變出的一種變化，內線隊員的作用主要是掩護、牽制和轉移球，並且更側重於利用外線隊員的技術優勢進行低位的進攻。

UCLA切入出現在普林斯頓進攻體系中，主要作為後衛進攻的一個選擇出現，作為輔助的戰術變化使用，它的主要威脅在於：第一，中鋒成為掩護和牽制的「引領」，轉移了進攻重點，「引領」和造成防守的重點出現「方向性」錯誤。第二，後衛在內線接球進攻，「外線內打」使進攻方獲得籃下「相對技術優勢」，使這一進攻戰術可以產生多種變化。既可以「小個子」進行籃下強攻，又可以從低位策應外線多點遠投。從而實現從一個簡單戰術產生多種變化，使防守「防不勝防」。

戰術2：運球追逐切入——強側前鋒落低位

(1) 場上陣容

①畢比（控球後衛）；　②克利斯蒂（攻擊後衛）；
③史托亞柯維奇（小前鋒）；　④韋伯（大前鋒）；
⑤迪瓦茨（中鋒）。

(2) 戰術進行過程

如圖4-19所示，①運球向側翼④處移動，尋找給切入籃下的④傳球的機會。

如圖4-20所示，如果側翼球員④沒有空切的機會，①傳球給④做低位單打。④可選擇直接進攻或傳球至外圍

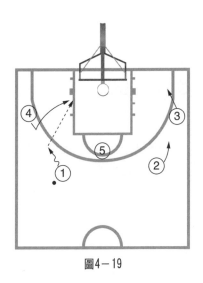

圖4－19

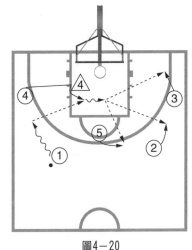

圖4－20

③、②或者⑤投籃得分。

（3）戰術解析

當側翼的進攻球員被嚴密防守難以在有效區域內接到球，可以直接向內線切入，從而直接攻擊籃下或者在低位要位接球進攻。這是一個典型的「簡單的形式充滿複雜變化」的戰術。

第一，運球者和接球人之間必須具有默契。只有存在「心理感應」，運球者才能在接球人反跑時，做到「人到球到」，「恰到好處」到打出「反跑」配合。

第二，從戰術進行過程中可以看到：這個簡單的配合對隊員的戰術素養和技術內涵要求很高，特別是對大前鋒的技戰術要求尤其高。戰術要求他必須能做出「小個子」隊員的技術動作——接球反跑。還必須做出中鋒隊員的技術動作——籃下強攻。同時還必須能夠在對手採用籃下包

夾時，進行策應助攻。這說明：只有具有高超的技術，才能使簡單的戰術產生強大的功效。

戰術3：高位切入──高位中鋒落低位

(1) 場上陣容

①畢比（控球後衛）； ②克利斯蒂（攻擊後衛）；

③史托亞柯維奇（小前鋒）； ④韋伯（大前鋒）；

⑤迪瓦茨（中鋒）。

(2) 戰術進行過程

如圖4−21所示，①傳球給側翼的④。這時，防守的主要注意力集中在側翼。⑤在高位，乘敵不備，切入籃下，④可以傳球給⑤攻擊內線。

如圖4−22所示，如果⑤切入到低位之後沒有在移動的過程中接到球，則⑤順勢在低位要球，④可以傳球給

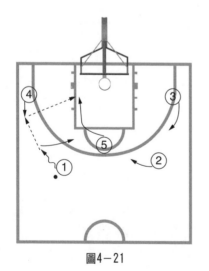

圖4−21

圖4−22

⑤。當⑤在低位形成一對一單打的狀況時，他可選擇直接攻擊。但當防守方對⑤採用包夾時，⑤則可以策應傳球給外圍的①、③、②和④投籃。進行低位策應遠投的進攻戰術打法。

(3) 戰術解析

第一，在普林斯頓戰術體系中，中鋒低位單打並不是進攻的首要選擇，但當中鋒在低位出現「以強對弱」攻守對峙狀態時，擁有豐富技術內涵的高大中鋒可以把籃下強攻作為一種「輔助攻擊手段」，可以創造「攻敵不備」的攻擊效率。

第二，這種中鋒低位進攻方式還能起到重要的「戰略牽制作用」。亦即，當中鋒在低位「以強對弱」時，對手不包夾，則進行籃下強攻；當對手包夾時，則乘防守外線空虛，把球傳到外線，進行遠投攻擊。

這種在整體進攻戰術打法中不多見的「輔助攻擊手段」，可以使防守方在集中防守高位時心有餘悸，怕低位出現強有力的攻擊。而能使防守方產生瞻前顧後、心有餘悸心態的正是低位進攻這種進攻方式的「戰略牽制作用」。

戰術4：中鋒重返高位的進攻戰術

(1) 場上陣容
①畢比（控球後衛）；　②克利斯蒂（攻擊後衛）；
③史托亞柯維奇（小前鋒）；　④韋伯（大前鋒）；
⑤迪瓦茨（中鋒）。

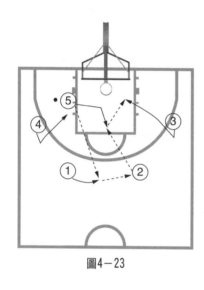

圖4-23

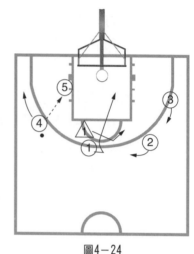

圖4-24

(2) 戰術進行過程

如圖4-23所示,當球傳到低位後,如果⑤傳球給外線球員①,而①遇到防守隊員快速回防,沒有投籃出手的機會。這時,⑤應快速回到高位。①傳球給②,②傳球給已經回到高位的⑤。⑤接球的同時,③和④都可以伺機空切到籃下攻擊。

這個戰術還有很多變化。如圖4-24所示,當球在低位⑤手中時,⑤遇到防守包夾,⑤想傳球給①,一旦①的防守者搶前防守不讓①接球時,①應乘機向籃下反跑,進行空切攻擊。這是低位策應結合空切的典型進攻方式。

如圖4-25所示,如果⑤難以傳球給空切的①,則應傳給移動過來接應的②。②傳球給③後利用上提至高位的⑤的掩護切向弱側,③閱讀防守後可傳給②。②往往會得

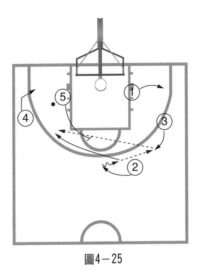

圖4－25

到良好的攻擊機會。

(3) 戰術解析

　　中鋒重返高位的進攻戰術實質上是實戰中攻守雙方「制約」與「反制約」鬥智鬥勇的表現形式。當進攻方高位進攻方式發生作用時，勢必導致防守方把防守重點放在高位，以圖「制約」進攻方的攻擊行動。一旦這種情況出現，進攻方則必須把進攻重點轉移到低位，「反制約」防守方的「制約」行動。而在這種鬥智鬥勇的過程中，表現出普林斯頓戰術的重要特點：

　　第一，普林斯頓戰術具有「隨機應變」的品質。高大中鋒策應攻擊的位置也可以隨機而動。高大中鋒策應攻擊的位置可以根據防守方關注的轉移而乘虛而動。這種使進攻重點靈活、機動轉移的品質，正是普林斯頓戰術自由的

性格特徵。

第二，普林斯頓戰術的主要表現形式是高大中鋒「居中」策應與遠投、空切、反跑等戰術配合相結合。隨著「居中」策應位置的轉移，策應與遠投、空切、反跑結合的位置也隨之轉移。但萬變不離其宗，普林斯頓戰術策應與遠投、空切、反跑相結合的本質特徵不變。所變的是兩者結合發生的地點以及策應與遠投、空切、反跑三種配合結合的比重會發生明顯的變化。

戰術5：普林斯頓戰術破繞前防守的進攻方式

(1) 場上陣容

①畢比（控球後衛）；　②克利斯蒂（攻擊後衛）；
③史托亞柯維奇（小前鋒）；　④韋伯（大前鋒）；
⑤迪瓦茨（中鋒）。

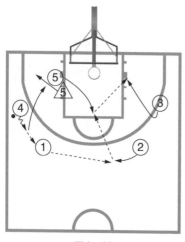

(2) 戰術進行過程

如圖4－26所示，當低位球員⑤被繞前防守時，④應該迅速傳球給①，在①傳給②的同時，⑤上提至罰球線附近接②的傳球，再傳給③或④進攻。

圖4－26

破解這種防守還有幾種變化：強側後衛空切。如圖
4－27所示，當①的防守者阻斷了傳球路線時，①可以選
擇直接空切攻擊。

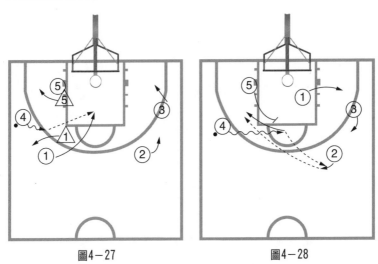

圖4－27　　　　　　　　　　　　　圖4－28

　　如圖4－28所示，若④難以傳球給①時，他應繼續運
球然後把球交給②，同時低位的⑤上提為④做一個後掩
護，②閱讀防守後可選擇傳給④或者⑤。這種弱側掩護配
合進攻的方式，往往起到「攻敵之虛」的進攻效果，對於
弱側協防差的防守體系時是相當有效的。

　　(3) 戰術解析

　　普林斯頓戰術空切與反跑兩種進攻方式是破繞前防
守最有利的「武器」。所以，在一般情況下，防守方不採
取繞前防守的方式對付普林斯頓戰術。但是，在特殊情況
下，繞前防守對普林斯頓戰術具有特殊意義：即用繞前防
守方式阻滯普林斯頓戰術的策應中樞接球。一旦普林斯頓

戰術中樞接不到球,則普林斯頓整體戰術無法正常運轉;並由此喪失進攻效率。因此,普林斯頓戰術對付對手破壞自己策應中樞接球的企圖,必須具有強有力的應對手段。這種「強有力應對手段」的本質特徵是:

第一,無論內線、外線,每一個持球點,都具有「策應中樞」的功能。只有這樣,才能無論在內線、外線,只要防守方對一個進攻點實施「繞前防守」,進攻方就可以發動「持球策應中樞」與「被繞前防守人」之間的空切、反跑戰術配合。

第二,實施「破繞前防守」戰術,要求每一個戰術執行人都必須能夠既能持球策應、又能接球攻擊;惟其如此,才能真正使整體進攻體系中的每一個進攻點,既能策應、又能攻擊,使防守方割不斷進攻方的策應中樞。因為,普林斯頓戰術的策應中樞也具有「自由、機動」的性格特徵。

三、普林斯頓進攻戰術之反跑、空切篇

空切、反跑戰術配合是構成普林斯頓戰術的兩大進攻要素之一。從普林斯頓整體進攻方式上看:

沒有遠投攻擊,則無法實施普林斯頓戰術「由內向外」的外線攻擊;沒有空切、反跑戰術配合,則無法進行普林斯頓戰術「由外向內」的移動內線攻擊。

進攻體系中的每一個要素都可以在防守要點上「居中策應」(*往往以高位為主*),其餘各進攻點乘敵之虛、攻其不備,合理地實施空切、反跑與遠投戰術,內外結合,

則可以使普林斯頓戰術產生強大的進攻效率。

戰術1：高位策應——反跑戰術

（1）場上陣容

①畢比（控球後衛）；　②克利斯蒂（攻擊後衛）；

③史托亞柯維奇（小前鋒）；　④韋伯（大前鋒）；

⑤迪瓦茨（中鋒）。

如圖4－29所示，②持球於45°三分線，④與⑤分別站位在弧頂附近，①與③分別在兩邊底角，這樣就形成了典型的普林斯頓戰術體系的2－3落高位戰術的陣型。

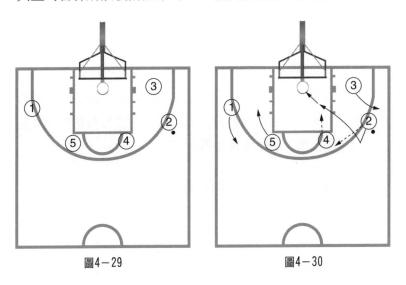

圖4－29　　　　　　　　圖4－30

（2）戰術進行過程

如圖4－30所示，②傳球給④後馬上反跑空切，④將球傳出，②上籃。同時⑤從弱側衝搶籃板球，①與③回防。

（3）戰術解析

外線進攻球員把球傳給高位的隊友後，空手移動到零度角給隊友做無球掩護是普林斯頓進攻體系的基本套路。在這個戰例中，得分後衛克利斯蒂去給史托亞柯維奇掩護時，很好的閱讀了防守，利用速度將防守人擺脫，空切接球得分。簡單的戰術卻可以取得很好的進攻效果，其原因在於：

第一，進攻方遠投的攻擊使防守的關注集中在外線，並因此疏忽了對由外向內的移動性攻擊。所以，簡單的反跑、空切配合，恰恰攻擊在防守的薄弱之處。

第二，進攻戰術執行人「閱讀」比賽的能力，它包括：對攻守態勢的準確判斷和對防守薄弱、疏忽之處的敏感察覺，並能夠採取及時、果斷、合理的進攻行動。

簡單的反跑、空切戰術配合之所以能取得很好的進攻效果，也在於進攻戰術執行人「讀懂」了比賽情勢，並能夠採取合理、果斷的進攻戰術行動。

戰術2：高位策應反跑攻擊戰術

（1）場上陣容

①畢比（控球後衛）；②克利斯蒂（攻擊後衛）；

③史托亞柯維奇（小前鋒）；④韋伯（大前鋒）；

⑤迪瓦茨（中鋒）。

如圖4－31所示，①在45°三分線持球，②在底角三分線，③在弧頂外，④與⑤落在高位。形成1－3－1陣型。

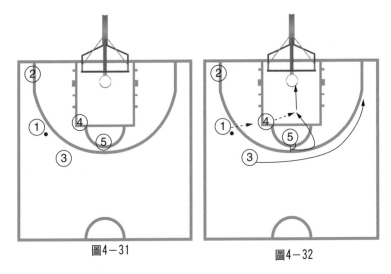

圖4−31　　　　　　　　　圖4−32

（2）戰術進行過程

如圖4−32所示，①傳球給④，與此同時，⑤上前為③掩護，③迅速橫切至三分線外，⑤掩護後乘防守不備反跑、空切，④妙傳，⑤接球扣籃，此次戰術主要是③的牽制將籃下拉空，⑤才得到扣籃的機會，②與③積極回防。

（3）戰術解析

第一，這個戰術主要藉助史托亞柯維奇遠投的威懾，吸引了防守的注意力，「出其不意、攻敵不備」是不變的獲勝之道。也是這個戰術配合獲得成功的主要原因。

第二，兩名內線進攻隊員之間的戰術默契。掩護後空切、反跑的戰機瞬息即逝，如果當反跑、空切之人獲得戰機的瞬間傳球不到位，則必定喪失瞬息即逝的良好戰機。只有兩人透過長期磨合，建立一種心理上的默契感應，才能在反跑之人在擺脫防守的瞬間，接到「恰到好處」的精妙傳球，打出一次精妙的空切、反跑戰術配合。

戰術3：低位策應反跑攻擊戰術

(1) 場上陣容

①畢比（控球後衛）；　②克利斯蒂（攻擊後衛）；

③史托亞柯維奇（小前鋒）；　④韋伯（大前鋒）；

⑤迪瓦茨（中鋒）。

如圖4－33所示，②持球與①分別在弧頂兩側，③與⑤分別在三分線位，④落在低位，這樣形成了2－3戰術陣型。

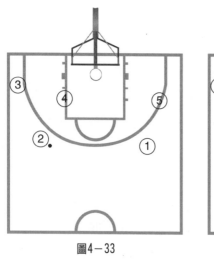

圖4－33

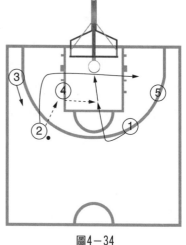

圖4－34

(2) 戰術進行過程

如圖4－34所示，②傳球給低位的④，④持球觀察，②迅速縱切溜底線，弧頂的①利用反跑擺脫防守人空切到籃下接④的傳球上籃，③迅速回防。

(3) 戰術解析

第一，克里斯·韋伯的內線攻擊能力非常突出，他在低位持球很容易吸引防守球員的協防，為外線隊員的空切、反跑戰術行動起到至關重要的「牽制」作用。

第二，有威脅的內線隊員在「防守的要害位置」上持球，吸引防守的主要關注，在這種情況下，持球隊員「改攻為傳」，更容易起到「避實就虛」的戰術效果，更容易獲得很高的進攻效率。這印證了「最精妙的傳球是出於大個子的手裡」這一普林斯頓戰術信條的內在意蘊。

第三，克利斯蒂先空切由於防守方的嚴防沒能獲得進攻時機，但為畢比「真正的攻擊」起到了掩護的作用。而憑藉這次「掩護」，引開了防守，使畢比「真正的攻擊」獲得成功。這種情況正符合兵法「聲東擊西」之道。

戰術4：低位策應空切進攻戰術

(1) 場上陣容

①畢比（控球後衛）；

②克利斯蒂（攻擊後衛）；

③史托亞柯維奇（小前鋒）；

④韋伯（大前鋒）；

⑤迪瓦茨（中鋒）。

如圖4－35所示，①在45°三分線持球，③在弧頂三分線外，②在左側三分線外，形成1－3－1陣型。

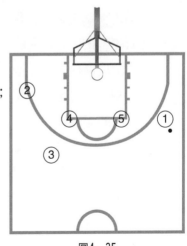

圖4－35

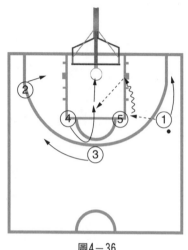

圖4－36

（2）戰術進行過程

如圖4－36所示，①傳球給高位的⑤，⑤向底線運球突破吸引防守，④適時提上弧頂反跑空切到籃下，接⑤的傳球上籃，①與②切入籃下，③向左側移動準備退防。

（3）戰術解析

這是兩個內線高大隊員之間的空切、反跑戰術配合。普林斯頓戰術中內線隊員之間與「雙塔」戰術有明顯區別：

第一，「雙塔」戰術的內線隊員之間的配合多以「籃下強攻」結束進攻過程（比如「高低位」戰術配合）；普林斯頓戰術則多以內線移動性進攻（空切、反跑等配合）結束進攻過程。

第二，「雙塔」戰術內線隊員之間的配合多以固定戰術設計的方式實現。比如：「高低位」戰術配合。

普林斯頓戰術則更為機動、靈活，它可以是高低位的形式，也可以在內線的任何一點，由一名內線高大隊員持球策應，而另一名內線高大隊員空切、反跑的靈活進攻形式得以實現。由此可知，普林斯頓戰術兩名高大內線隊員之間的空切、反跑配合，只是普林斯頓空切、反跑戰術中

的一種特殊形式。

戰術5：高位擋拆空切進攻戰術

（1）場上陣容

①畢比（控球後衛）；　②克利斯蒂（攻擊後衛）；

③史托亞柯維奇（小前鋒）；　④韋伯（大前鋒）；

⑤迪瓦茨（中鋒）。

如圖4－37所示，①持球在弧頂，⑤、③在高位，④
落在低位，②在右側底角三分線外，中鋒在無球一側形成
1－2－2進攻陣型。

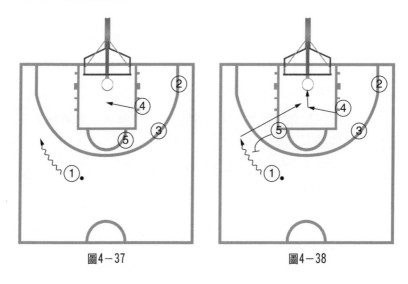

圖4－37　　　　　　　　圖4－38

（2）戰術進行過程

如圖4－38所示，在①的快速運球中，⑤上前掩護後
切入籃下，③在外線尋找機會，籃下的④已經佔據有利位
置，①將球吊出，④扣籃。

(3) 戰術解析

第一，高位擋拆進攻是「虛」，內線高大隊員空切攻擊是「實」，以高位擋拆的攻勢吸引防守的關注，拉空防守內線區域，使內線隊員的空切「乘虛而入」、獲得成功。第二，從這一戰例中可以看到：普林斯頓戰術可以與其他各種進攻戰術結合，形成更強大的攻擊力。第三，普林斯頓戰術要求其戰術執行人具有很強的「移動進攻能力」，這種能力主要表現為：在普林斯頓戰術與任何戰術結合的戰術結束階段，往往主要是由移動進攻方式完成，以此充分發揮普林斯頓戰術體系各要素的技術優勢。

戰術6：反覆傳球後的空切反跑進攻戰術

(1) 場上陣容

①畢比（控球後衛）；　②克利斯蒂（攻擊後衛）；
③史托亞柯維奇（小前鋒）；　④韋伯（大前鋒）；
⑤迪瓦茨（中鋒）。

如圖4-39所示，①持球在三分線外，⑤在弧頂，②與③分別在兩側的底角，④在罰球線上。這樣形成了高落位的2-3陣型。

(2) 戰術進行過程

如圖4-40所示：①傳球給⑤，⑤迅速傳球給無人防守的②，同時④利用反跑切入籃下，②傳出球，④扣籃。如果④進攻受阻，可以將球傳給③。

(3) 戰術解析

第一，讓高位的策應球員接球是普林斯頓進攻的開

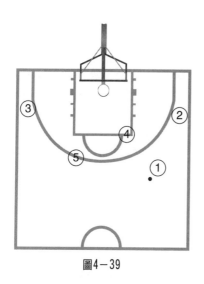

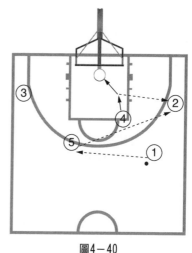

圖4－39　　　　　　　　　　　圖4－40

始，⑤透過策應傳球來幫助外線隊員形成外線遠投威脅。
迫使防守方拉大防守區域，使內線進攻隊員出現攻擊機
遇。第二，無論採取哪一種進攻戰術，都表現遵循「乘敵
之虛、攻其不備」的進攻規律。當球在內線高點時，防守
方外線防守是「虛」；而當球轉移到外線時，隨防守區域
擴大，內線防守是「虛」；進攻方反覆傳球，旨在拉動防
守，使其在不斷的擴大和縮小的過程中，出現無法彌補的
漏洞，從而果斷出擊，一擊致命。第三，在這次進攻中，
⑤是組織進攻者，利用傳球盤活了這次的進攻，給籃下創
造了空檔。這種高位策應的作用即是「第二次組織」。

　　普林斯頓戰術的功能是否能夠發揮，往往取決於其是
否具有一個善於進行「第二次組織」的高大內線隊員和能
否傳出「精妙的策應助攻」。

戰術 7：低位策應反跑進攻戰術

(1) 場上陣容

①畢比（控球後衛）；　②克利斯蒂（攻擊後衛）；

③史托亞柯維奇（小前鋒）；　④韋伯（大前鋒）；

⑤迪瓦茨（中鋒）。

如圖 4－41 所示，①持球在 45° 三分線，②在弧頂，④在右側 45° 三分線，⑤在低位，③在右側底角三分線外，形成 1－2－2 進攻落位。

(2) 戰術進行過程

如圖 4－42 所示，②傳球給低位的④，②向相反方向的底角切入，這時④向弧頂空檔處移動，③取代④的位置，④由反跑縱切到籃下，⑤傳球，④扣籃得分，③迅速回防。

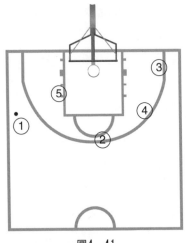

圖 4－41

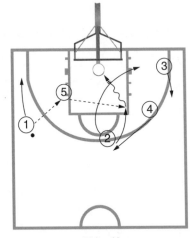

圖 4－42

(3) 戰術解析

這個戰例反映出：第一，成功的戰術必須層次清楚、職能明確。第一個切入的②由於防守方的緊密跟防並沒有獲得很好的接球機會，但它起到了戰術「掩護」作用，使防守方放鬆了對第二次空切、反跑的「注意」。這是戰術的第一層次。然後，戰術的第二層次迅速進行：身處低位的迪瓦茨並沒有選擇立即個人進攻，而是繼續尋找第二個反跑切入的隊友，韋伯在閱讀防守後迅速移動找到了內線的空檔，接球扣籃得分。第一層次雖未取得功效，但它起到了掩護第二層次的戰術作用。第二層次與前一層次緊密連結，充分利用前一層次的掩護作用，乘敵之隙、果斷攻擊，獲得很好的進攻效果。第二，內線高大隊員之間的戰術默契和內線高大隊員的強有力的策應助攻能力。

四、普林斯頓進攻戰術之機動進攻篇

普林斯頓戰術非常靈活，它幾乎能由任何形式進行戰術發動。採取什麼戰術發動進攻則是由持球者的傳切選擇所決定的，而持球者傳切的選擇是由瞬息萬變的攻守態勢所決定的。面對各種形式和充滿變化的防守態勢，普林斯頓戰術顯示出比任何進攻戰術都靈活的機動品質，採用合理的進攻方式乘敵之隙、機動對陣。從最近幾個賽季的NBA比賽來看，雙後衛轉移傳球後由高位切入和高位掩護後UCLA切入是最常用的兩種發動方式。中路掩護發動也成為了比較流行的選擇。而且，所有的戰術發動選擇都可以在有球側和無球側兩側隨機執行。

戰術1：後衛從弱側切入

（1）場上陣容

①畢比（控球後衛）；　②克利斯蒂（攻擊後衛）；

③史托亞柯維奇（小前鋒）；　④韋伯（大前鋒）；

⑤迪瓦茨（中鋒）。

（2）戰術進行過程

如圖4－43所示，持球者①傳球給②，②傳給側翼的④後向籃下切入，如果沒有接到傳球，就到弱側的底角落位。與此同時，⑤上提高位，為①做無球掩護，①利用高位⑤的掩護空切入籃下，接④傳球進行攻擊。

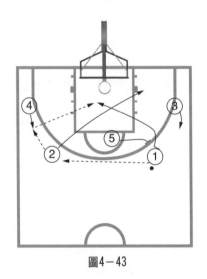

圖4－43

（3）戰術解析

第一，②的空切行動未能產生直接的進攻效益，但起到了重要的「掩護」作用，這是進攻戰術的第一層次；⑤

上提高位的掩護行動，承上啟下，使①的空切行動與上一次空切既不重複又緊密連結；兩次空切行動錯落有致，層次清楚。精巧而自然的戰術結構設計（這種設計自然形成而非「人工設計」），必然產生高效率的進攻。

第二，兩次空切行動，從不同的兩側先後發動，強側空切發動在先，佯攻誘敵；弱側空切緊接其後，機動地進行實質性攻擊。避實就虛、從容應對，充分顯示了普林斯頓戰術的機動性。

戰術2：UCLA 切入——強側後衛切入攻擊的戰術

(1) 場上陣容

①畢比（控球後衛）；　②克利斯蒂（攻擊後衛）；
③史托亞柯維奇（小前鋒）；　④韋伯（大前鋒）；
⑤迪瓦茨（中鋒）。

(2) 戰術進行過程

如圖4－44所示，強側後衛①將球傳給側翼的④，隨後藉助⑤的高位掩護切入內線。①也可選擇和④完成一個傳切配合直接進行攻擊。

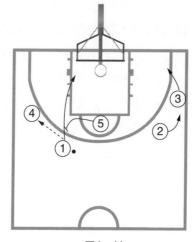

圖4－44

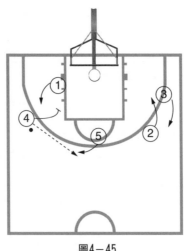

圖4-45

如圖4-45所示，當④與①的傳球受阻時，④則回傳給⑤展開側翼換位後進行下一個戰術配合。

(3) 戰術解析

第一，在這個戰術的完整的進行過程中，可以清楚地看到戰術配合之間轉換的靈活性。當一個戰術配合未收到預想的進攻效果，馬上自如地轉入第二個戰術配合，由此形成進攻績效的積累，直至最終獲得進攻時機。與此同時，防守方在進攻變陣中，逐漸加大防守疏漏，直至最終無法彌補防守漏洞。在24秒的進攻時間內，進攻方是否能獲得良好的進攻時機，很大程度上取決於戰術配合之間的轉換是否靈活與戰術配合之間的轉換是否合理，亦即整體戰術的機動性功能。普林斯頓戰術機動性強的品質，可以從這一戰例中清楚地看到。

第二，任何戰術都是圍繞具有強大攻擊力隊員的技術發揮設計的。從這一戰例中可以看到：第一個戰術配合圍

繞畢比的空切攻擊而設計，第二個戰術配合圍繞韋伯的內線攻擊技術而設計。由此可知，戰術是發揮技術的方式，技術是戰術設計的基礎。普林斯頓戰術則更強調利於隊員自由地發揮技術。

戰術3：中路掩護切入

(1) 場上陣容

①畢比（控球後衛）；　　②克利斯蒂（攻擊後衛）；

③史托亞柯維奇（小前鋒）；　　④韋伯（大前鋒）；

⑤迪瓦茨（中鋒）。

(2) 戰術進行過程

如圖4－46所示，②首先從弧頂縱插到另一側底角落位。然後，持球者①藉助⑤的高位掩護橫向運球擺脫防守者。此時他有兩個選擇：直接運球切入攻擊，或者傳球給側翼的④，隨後空切，接④的回傳球上籃。

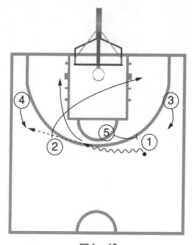

圖4－46

如圖4-47所示，防守方若隔斷④與①的傳球路線，則④回傳球給⑤，然後，再與①展開側翼換位，①接⑤的高位策應遠投攻擊。

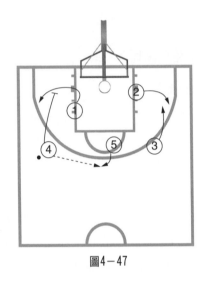

圖4-47

(3) 戰術解析

第一，普林斯頓戰術也「與時俱進」地與其他戰術結合，以加強普林斯頓戰術的進攻功能。高位擋拆是當前NBA比賽中的主流戰術配合，普林斯頓戰術也與高位擋拆戰術融為一體。在這個戰術中，高位擋拆的主要目的是讓球更好的運轉，讓球安全地在前鋒和高位中鋒之間順利傳遞，從而使普林斯頓戰術運轉更加自如。

第二，高位擋拆與普林斯頓戰術結合，使普林斯頓戰術的機動性得到加強。高位擋拆攻擊使主體戰術增加了一種有效的攻擊方式，並使普林斯頓戰術策應方式更加機動、靈活，同時使外線投籃點能獲得更好的投籃時機。

戰術4：拉鍊式切入

(1) 場上陣容

①畢比（控球後衛）；　②克利斯蒂（攻擊後衛）；
③史托亞柯維奇（小前鋒）；　④韋伯（大前鋒）；
⑤迪瓦茨（中鋒）。

(2) 戰術進行過程

如圖4－48所示，①將球運至側翼，同時⑤往下線走為④做一個後掩護。①觀察防守後選擇把球交給跑出空檔的④或者防守換人後被錯位防守的⑤。

如圖4－49所示，如果④的防守隊員使用擠過破壞了⑤的掩護並隔斷了傳球路線，④應立刻背向切入籃下，接①的傳球進行攻擊。

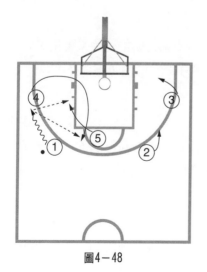

圖4－48

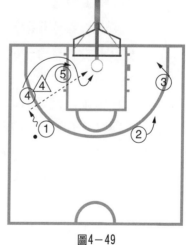

圖4－49

(3) 戰術解析

第一,「拉鍊式」切入,在戰術效果上,可以解開「低位難以接球」的難題。球在外線進攻球員手中,內線隊員不斷地移動、換位,是普林斯頓進攻戰術之所以能夠靈活、機動的內在原因。因為隨著球的轉移,不僅防守方會疲於奔命,而且傳球和突破的空間角度會變化很快,甚至會出現防守「錯位」的現象,而一旦防守方出現明顯的錯誤,則會出現良好的進攻時機。

第二,移動、換位等「無球配合」往往出現在即將出現進攻時機的位置。唯有如此,才能顯示出「靈活、機動」品質與戰術效果之間的內在聯繫,並在執行戰術過程中積極、主動地表現出來。

戰術5:高位策應切入

(1) 場上陣容

①畢比(控球後衛); ②克利斯蒂(攻擊後衛);
③史托亞柯維奇(小前鋒);④韋伯(大前鋒);
⑤迪瓦茨(中鋒)。

(2) 戰術進行過程

如圖4-50所示,持球者①傳球給高位的⑤,然後①和②同時向籃下切入,⑤根據防守的狀況,策應傳球給擺脫防守的隊友,助其攻擊。

如圖4-51所示,如果沒有空切機會,①和②可在限制區裡交叉換位後利用③和④在下線的掩護跑出空檔。接⑤策應傳球進行外線遠投攻擊。

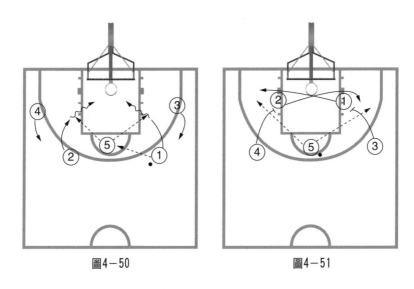

圖4-50　　　　　　　　圖4-51

(3) 戰術解析

　　第一，這種移動非常好地利用了內線球員移動到外線所創造的內線空間，而兩名掩護者的掩護不同於普通NBA球隊的定位掩護，這種掩護的效果更好，有利於兩名後衛藉助掩護接球。

　　第二，兩名後衛同時移動穿插，高位策應人可以根據他們擺脫防守「追防」的情況和他們在進攻中技術發揮的狀況，傳球給最有把握取得進攻效率的後衛，實現可期待的攻擊效率。

　　透過以上戰例的分析，可以看出：普林斯頓進攻戰術對於任何類型的防守系統都是有效的。而這一點，正反映了普林斯頓戰術具有靈活、機動的特徵。大部分對手的防守計畫包括建立有侵略性的防守、擴大防守範圍和壓力以及擾亂或加快比賽節奏等防守形式。在普林斯頓戰術面前

都顯得捉襟見肘、漏洞百出。這是因為由於普林斯頓戰術的中路區域是完全空曠的，對手這些賽前防守策略往往正中側重於反跑、切入的普林斯頓戰術的下懷。而普林斯頓戰術真正可怕之處在於精準的外線投籃以及耐心的進攻，它也會讓那些選擇用鬆散的人盯人防守或區域聯防的球隊大吃苦頭。

五、普林斯頓進攻戰術之特殊時間打法篇

當一節比賽快要結束或全場進攻時間所剩無幾時，為避免進行倉促的、不合理的投籃選擇並充分佔用比賽時間，使對手沒有時間再進行反擊。

普林斯頓進攻體系可以選擇直接轉入快速攻擊戰術或控制比賽時間執行固定戰術。這些固定戰術一般在暫停後發動，而這種在「特殊的時間」進行的「特殊戰術打法」，是普林斯頓戰術的「特殊」進攻功能。

戰術1：高位交叉切入攻擊戰術

(1) 場上陣容
①畢比（控球後衛）；　②克利斯蒂（攻擊後衛）；
③史托亞柯維奇（小前鋒）；　④韋伯（大前鋒）；
⑤迪瓦茨（中鋒）。

(2) 戰術進行過程
如圖4－52所示，組織後衛①傳球交給⑤，隨後利用⑤的高位掩護切入籃下。②在高位和①完成一個前交叉換位後從另一側切入。⑤觀察防守後選擇傳球給①或②，①

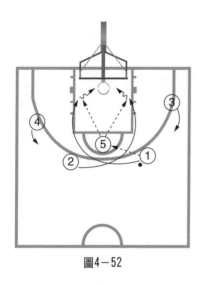

圖4-52

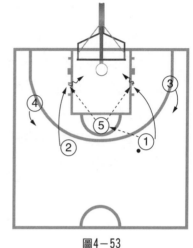

圖4-53

或②接球上籃攻擊。

如圖4-53所示，①和②也可以不進行交叉換位，直接空切入籃下進行攻擊。

如圖4-54所示，若⑤沒能找到傳球給②和①的機會，那麼①和②在籃下完成一個交叉換位後利用③和④的後掩護跑出，接⑤的策應傳球進行遠投攻擊。

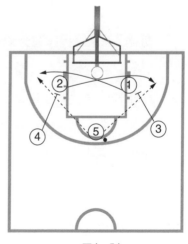

圖4-54

(3) 戰術解析

第一，中鋒往往不是球隊的「第一得分點」，所以，在「特殊時間」防守方嚴密防守的情況下，往往可以較為輕鬆地接到球。而一旦中鋒接到球後，防守方的「包夾」，使內線防守漏洞百出，這就為外線隊員由外向內的空切攻擊創造了良好的進攻環境。

第二，如果防守快速「收縮圍堵」，防住了進攻方由外向內的空切攻擊，那麼，進攻方空切隊員可以立即利用掩護，由內向外拉到外線，接中鋒策應傳球進行遠投攻擊。

第三，進攻隊員一定要有時間概念，一定要在有限時間之內，打好受時間限制的戰術配合，選擇最佳進攻時機，但決不能只注意選擇進攻時機而忽略時間限制，使一種精妙的戰術設計因時間限制而歸於失敗。

戰術2：邊路掩護突分遠投的戰術

(1) 場上陣容

①畢比（控球後衛）；　②克利斯蒂（攻擊後衛）；
③史托亞柯維奇（小前鋒）；　④韋伯（大前鋒）；
⑤迪瓦茨（中鋒）。

(2) 戰術進行過程

如圖4-55所示，當中鋒在高位時，③傳球給側翼空位的①，如果中鋒⑤沒有空切的機會，則可移動至邊路為持球的①做一個邊路掩護。①與⑤在邊路進行一個側翼擋拆戰術配合。

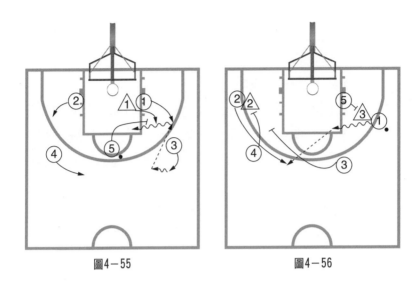

圖4－55　　　　　　　　　　圖4－56

　　如圖4－56所示，①利用⑤的掩護，運球突破，同時弱側的③和④為投手②做雙掩護，①閱讀防守後把球傳給擺脫防守的②，②接球後果斷投籃。

　　(3) 戰術解析

　　第一，邊路掩護由於傳球角度好以及容易組織等優勢，受許多NBA球隊青睞，是許多NBA球隊普遍採用的一種「特殊戰術打法」。第二，普林斯頓進攻戰術中的邊路掩護主要是作為高位或低位中鋒與外線球員實現聯繫的一種備用選擇，同時，這種掩護要求掩護者有較好的投籃能力，這與普林斯頓戰術對內線球員的要求一致。

戰術3：後衛高吊球攻擊戰術

　　(1) 場上陣容

　　①畢比（控球後衛）；　②克利斯蒂（攻擊後衛）；

③史托亞柯維奇（小前鋒）；　④韋伯（大前鋒）；
⑤迪瓦茨（中鋒）。

(2) 戰術進行過程

如圖4－57所示，外線的組織後衛①傳球給得分後衛
②，②將球傳給側翼球員④，隨後利用⑤的高位掩護空切
向籃下。④觀察防守後高吊傳球給擺脫防守的②，②接球
投籃。

如圖4－58所示，若沒有高吊傳球的機會，④則回傳
球給⑤進行普林斯頓進攻體系經典的側翼換位配合。

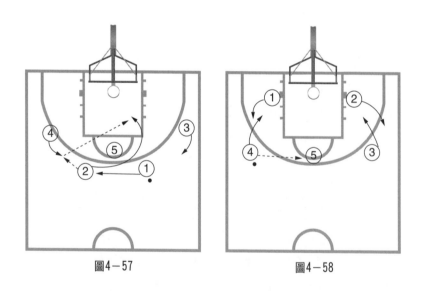

圖4－57　　　　　　　　　　圖4－58

(3) 戰術解析

第一，這個戰術設計的思路是：球在上線，吸引了防
守的注意；時間迫切，迫使防守方「重在防住眼前」而忽
略對進攻方計謀的識別，所以，一個簡單而實用的中鋒上

提掩護卻可以使空切隊員輕鬆擺脫防守獲得良好的攻擊時機。

第二，進攻方空切的方向必須是「背向」而不是「面向」。「背向」空切可以隱蔽進攻企圖，使「重在防住眼前」的防守方「忙中出錯」。也正因為「這一點」才使進攻方簡單的配合，獲得了顯著的進攻效果。

戰術4：運球八字掩護

(1) 場上陣容

①畢比（控球後衛）；　②克利斯蒂（攻擊後衛）；
③史托亞柯維奇（小前鋒）；　④韋伯（大前鋒）；
⑤迪瓦茨（中鋒）。

(2) 戰術進行過程

如圖4-59所示，這個跑八字配合是由①的運球突破發動的。①突破後發現無法直接攻擊，則向外傳球給④，而後者得球後藉助⑤的高位掩護橫向運球擺脫防守人。

如圖4-60所示，擺脫防守者後的④可以直接運球突破攻擊籃下，或者突破至三秒區附近後分球給③繼續跑八字配合。

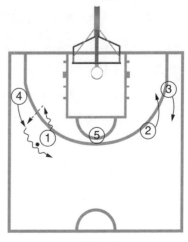

圖4-59

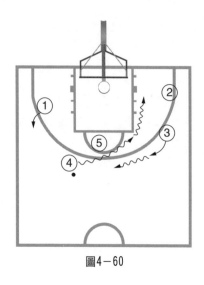

圖4－60

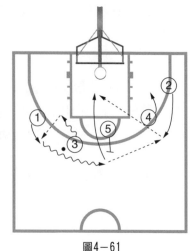

圖4－61

如圖4－61所示，③得球後可以選擇突破上籃或傳出給①繼續跑八字配合。若傳球線路受阻，運球者①可以傳球給②，然後藉助⑤的掩護背向切入籃下。

(3) 戰術解析

第一，這是普林斯頓戰術與「八字進攻」戰術的結合。「八字進攻」戰術可以逼迫防守球員換防而形成錯位優勢。這種戰術可以幫助外線球員更好地轉移球，從而有針對性地找到高位的進攻策應中樞，更快地過渡到普林斯頓戰術的正常運轉程式上來。

第二，在「特殊時間」使用這種綜合性戰術打法，必須注意控制戰術使用時間，時間短，則快速攻擊，甚至在不太好的時機「強行投籃」；時間長，則可以用「八字進攻」戰術控制進攻速度，把進攻程式控制到最後1秒才出手投籃。

戰術5：隔人傳球

(1) 場上陣容

①畢比（控球後衛）； ②克利斯蒂（攻擊後衛）；
③史托亞柯維奇（小前鋒）； ④韋伯（大前鋒）；
⑤迪瓦茨（中鋒）。

(2) 戰術進行過程

如圖4-62所示，這個戰術對於對抗那些具備良好弱側協防保護能力的防守來說是極其有效的。這個戰術開始於給低位球員的傳球，①傳給側翼的④，然後斜向切入弱側底角。④把球傳給已佔據合理位置的⑤。

如圖4-63所示，⑤得球後隨即傳出交給②，後者再次回傳給③。低位的⑤速回位到高位為②設立一個掩護，③閱讀防守後橫向傳球給跑出空檔的②，②此時可以直接投籃或者傳給落到底角的④遠投。

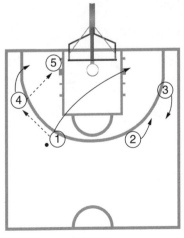

圖4-62

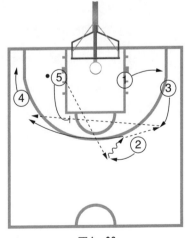

圖4-63

（3）戰術解析

第一，在這個戰術裡面，藉助中鋒在高位橫向的無球掩護，可以創造很好的遠投時機。

第二，在一般情況下，「特殊」戰術的原則是：用最短的時間，讓本隊最佳攻擊手在較好的投籃時機出手。所以，「特殊」戰術的設計既要實用又不能過於繁複。而這個戰術的程式明顯過於複雜，有悖於「特殊」戰術的設計原則。但是，違反「特殊」戰術原則卻能「出乎對手意料之外」，「出其不意，攻其不備」收到戰術奇效。

六、本節結語

實施進攻戰術的目的不外有三：

第一，透過戰術配合製造空位進攻的機會。

第二，透過戰術配合獲得錯位的機會，比如大打小，快打慢，體重大的隊員打體重小的隊員，投籃準的隊員打防守範圍較小防不出來的隊員等等。

第三，戰術運轉到一定時間段如果還沒有上述兩種機會出現，球應該轉移到重點球員手中，由重點隊員主動進攻來打破攻守平衡的局面。如果上述目的在進攻24秒臨近結束還沒有達到，那麼就過渡到特殊打法上，球在誰的手中誰就必須執行特殊時間戰術，以此來進行最後一搏。

普林斯頓進攻體系的精髓是無球移動、空切和反跑。普林斯頓打法的格言是：「**強壯能占弱小的便宜，而聰明能占強壯的便宜。**」用普林斯頓體系創始人卡里爾自己的話來說就是「在這種戰術中，大個子總要從小個子那裡獲

得球，但是，請記住，最精妙的傳球是出於大個子的。」

　　普林斯頓戰術非常靈活，它幾乎能和所有類型的基礎配合搭配使用，可以適應絕大部分的進攻配置。除了空切之外，大部分情況下普林斯頓戰術要求進攻球員全部提到罰球線以上落位，以便使進攻區域遍佈全場。這種落位形式不僅迫使防守方把防守區域擴大到整個半場，並且排除了任何弱側協防的可能。

　　此種戰術變化的關鍵在於：任何時候外圍的進攻隊員如果不能抓住一次接球進攻的機會，那麼他的最佳機會就是利用對方防守隊員「防接球」的意圖，由變向反跑切入籃下得分。

　　很明顯，這種戰術建立在進攻隊員良好的視野和閱讀比賽（瞭解防守隊員的意圖）的能力之上，由此選擇出正確的進攻方式。此種戰術已經被不斷地證明，可以抵消對方隊員強大的個人能力。

　　還有要說明的一點是，由於普林斯頓戰術並非依靠固定戰術套路來展開，而且可以和所有的基礎配合（如傳切、策應、掩護和突破分球）搭配，這就決定了很大程度上普林斯頓打法更接近於原則性打法。所以，雖然在實踐中，在比賽的不同階段，奉行普林斯頓打法的球隊也大量地使用高位擋拆以及其他的常規戰術來應對不同的對手，但這種打法的精髓是排斥對位一對一的。換句話說，如果不能利用這種戰術來造成空位或防守錯位，也就失去了這種戰術的意義。

　　普林斯頓進攻戰術往往會給對手施加很大的心理壓

力。普林斯頓戰術作為「巨人殺手」的名聲對於某些比賽很有效：當與主打普林斯頓戰術的球隊交手時，防守方就必須時刻在那些「永遠不要漏人」的警告聲中掙扎，可這些警告往往只會給球員帶來更大的壓力，甚至恐慌——當他們真的跟丟了自己負責的防守對象的時候。這種恐懼感和不確定性，在大多數場合中都會下意識地存在於球員的內心裡。

普林斯頓進攻戰術還有如下的優點：

(1)普林斯頓戰術對陣一支打低節奏比賽球隊時，低節奏球隊的心理壓力是球員感到必須少犯錯誤。大多數球隊沒有經歷過每一次進攻都對比賽勝負至關重要的比賽過程。這種心理壓力在比賽最後決定勝負的階段更大，而這種心態會嚴重影響該球隊的整體技術發揮。

(2)集中力量攻擊那些防守能力偏弱的球員。同樣，也要攻擊那些強壯但缺乏外線防守技巧的內線球員。遠離籃下會讓內線防守球員很不適應，他們往往會對此不知所措，不知該如何去防守，無論從技術上還是心理上都完全沒有準備。這是普林斯頓戰術獲得良好遠投時機的主要原因。

(3)當對手採取繞前防守時，透過反跑輕鬆地得分會有效打擊對手的士氣。

（4）不斷的移動不僅會給對手帶來生理上的疲憊，更重要的是導致其心理和精神上的鬆懈，更易於發生技術或心理上的失誤。

（5）在加快比賽節奏的過程中，對手希望使比賽速度加快而倉促出手投籃。這時候失誤往往就會在那些為迫使比賽節奏加快而採取的不合理傳球中產生了。

（6）如果不斷用反跑來攻擊對手，他們就會選擇收縮的鬆動防守。而一旦他們縮小了防守區域，他們就失去了對傳球路線的破壞和干擾能力，同時將對外線投手一籌莫展。

（7）當對手逐漸習慣於慢節奏的攻防速度時，他們的回防速度就會變慢並開始鬆懈，這時候可以突然加快比賽節奏在攻守轉換階段輕鬆得分。

（8）低節奏比賽對於進攻型球隊或者擅長利用快速進攻得分的球員來說是很痛苦的。那些個人得分能力出眾的球員面對這種節奏緩慢且沉悶的比賽時容易焦躁而失去耐性。

（9）對手在被多次轉移球調動得疲於奔命後會鬆懈，但是實際上普林斯頓戰術會充分利用任何一次可能的傳切機會攻擊籃筐。

（10）因為充分的耐心和團隊協作，普林斯頓戰術就像防守那樣始終是穩固而堅定的。

第五章　結束語

綜上幾章所述，可以看到：

第一，任何一種NBA經典進攻戰術都以其獨特的進攻方式而存在於比賽實踐之中，並以此彰顯其本質特徵。

例如：「雙塔」進攻戰術、三角進攻戰術都以內線進攻為主，它們繼承了籃球進攻傳統：內線是決定勝負的生死之地，必須運用一切手段，「把球打到籃下」。顯然，它們都抓住和遵循了籃球運動的規律。從而在實戰中表現出強大的進攻功能。但是，同是以內線進攻為主的戰術類型，「雙塔」進攻戰術與三角進攻戰術之間卻有著明顯的區別，「雙塔」進攻戰術強調：在進攻內線必須具有兩個攻擊中心，以此造成對手防不勝防的局面。

三角進攻戰術卻強調：進攻陣型始終要把主要力量以「三角」刀的形式紮向對手的心臟，這個「三角」是可以移動的，它可以根據防守的不同狀況，靈活地建立在其薄弱之處，以此形成內外結合的合理攻擊。而「跑轟」進攻戰術與普林斯頓進攻戰術都以外線進攻為主，它們似乎背離了籃球進攻傳統，卻更適應比賽的實際需要，它們避開兇狠、激烈的對抗，以巧取勝，用事實證明：良好的攻擊環境具有與「離籃圈近」相同或相似的進攻利用價值，並且都能取得良好的攻擊效果。

這一「否定之否定」的思辨軌跡，不是證明籃球進攻傳統的「過時」，而是在充實和彌補籃球進攻傳統，讓它更堅實地發展到將來。但是，同是以外線進攻為主的戰術類型，「跑轟」進攻戰術與普林斯頓進攻戰術也有著明顯的區別，「跑轟」進攻戰術注重攻對手「立足未穩」，而普林斯頓進攻戰術則更注重陣地進攻；「跑轟」進攻戰術強調快速移動和無球掩護獲得攻擊機會，而普林斯頓進攻戰術則更強調由「大個子」隊員在罰球線以外策應獲得攻擊機會。顯然，同一種進攻戰術類型或非同一種進攻戰術類型的進攻戰術，雖然它們的攻擊區域大致相同，但是它們的進攻方式與運行程式都明顯不同。正因為如此，各種NBA經典進攻戰術才能夠以其獨特的進攻方式彰顯其本質特徵和戰術風格。

　　第二，儘管幾種NBA經典進攻戰術各以其獨特的戰術特點，展示著各自特有進攻風格。但是，在實戰中，幾乎沒有一支球隊僅運用一種戰術應對複雜的比賽和不同類型的對手，而是在保持自己獨特進攻風格的同時，不得不運用各種不同功能的進攻戰術應對不同的對手和各種複雜的局面。這說明：在實戰中，任何一種具有強大功能的戰術，都不可能解決所有問題，只有隨機應變地合理使用應該運用的戰術，才可能獲得理想的進攻效率。

　　從這個意義上說，沒有偉大的戰術，只有偉大的戰術家；沒有適應所有情況的進攻方式，只有知己知彼、百戰不殆的戰術家。戰術只有在偉大戰術家的手裡，才能獲得偉大。

第三，正是因為戰術家在比賽實踐中對進攻戰術理論的創造性運用，導致了進攻戰術之間的有機融合：高位擋拆與普林斯頓戰術有機融合，使高位進攻戰術的方式更加靈活、多樣；普林斯頓戰術高位策應的方式也得到運球突破策應方式的補充，而使普林斯頓戰術策應的方式更多樣、靈活。普林斯頓戰術因此而獲得更強大的進攻功能。加索加入湖人隊，帶來了普林斯頓戰術與三角進攻戰術的有機融合，加索在高位的策應使三角進攻戰術更靈活、多變並由此帶來攻擊方式更多樣化。這說明：進攻體系中技術因素的增加會導致進攻體系結構的改變，並由此促進進攻體系功能變得更為強大。

歐洲籃球中鋒精湛的策應技術使三角進攻中策應的功能更為強大，它使運用三角進攻戰術的外線攻擊人員能像普林斯頓戰術外線攻擊人員那樣輕鬆、自由地獲得攻擊機會，從而使三角進攻戰術內外結合的進攻功能變得更為強大。由快速移動和無球掩護獲得靈活的外線遠投時機，幾乎成了所有NBA球隊獲得外線攻擊機會的主要方式，「跑轟」進攻戰術的精髓為幾乎所有NBA球隊所借鑒，成為它們外線進攻的主要方式。

普林斯頓戰術注重「大個子」策應的特點，已經成為所有NBA球隊中鋒內線進攻的一種主要技術內容，它不僅可以巧妙地避開強大的內線防守，而且可以使進攻方內外攻擊結合得更加密切。

這不僅僅是各種進攻戰術之間的融合，這還是世界其他地區籃球進入NBA後引起的一場革命性變革，它使

NBA籃球更充分地吸收了世界其他地區籃球優秀的營養，使之變得更加繁榮和強大。並以它經典進攻的模式，影響和促進世界籃球運動的蓬勃發展。

瞭解了這一點，再來看NBA經典進攻戰術，則可以清楚地看到，在實戰中，任何一支球隊都是根據實戰情況，隨機應變地、力求合理地、有選擇地運用各種進攻戰術。

那麼，如何判斷一支球隊進攻體系的屬性和它的進攻風格呢？儘管一支球隊在實戰中隨機應變地選擇運用各種進攻戰術，但是，為了更好地發揮其具有的獨特的「進攻本能」，它必須在絕大多數情況下，堅持使用最符合其進攻風格、最能發揮其整體技術功能的進攻戰術。特別是在比賽的「最艱難」和「最特殊」的時刻。

參考文獻

[1] 王世安·籃球·北京：北京體育大學出版社，1998

[2] 劉玉林·現代籃球運動研究·北京：人民體育出版社，2005

[3] 孫民治·籃球縱橫·北京：人民體育出版社，1996

[4] 張志林，張華夏·系統觀念與哲學探索·廣州：中山大學出版社，2003

[5] 陳天機，許倬雲，關子尹·系統視野與宇宙人生·桂林：廣西師範大學出版社，2004

[6] 郭永波·現代籃球訓練法·北京：北京體育大學出版社，2006

[7] 孫民治、籃球運動教程·北京：人民體育出版社，2001

[8] 王梅珍，白豔，張振東。籃球基本戰術·北京：人民體育出版社，2000

[9] 王梅珍，冷紀嵐·籃球基本技術·北京：人民體育出版社，1999

[10] 孫民治·籃球運動高級教程·北京：人民體育出版社，2000

歡迎至本公司購買書籍

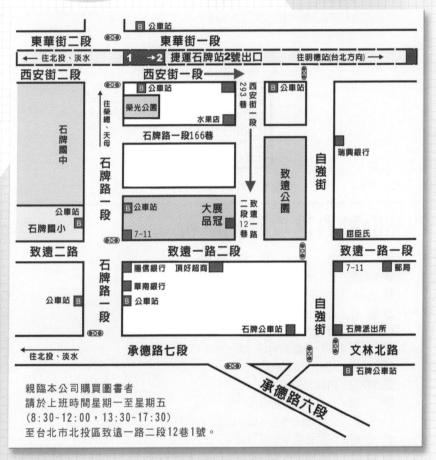

親臨本公司購買圖書者
請於上班時間星期一至星期五
(8:30-12:00，13:30-17:30)
至台北市北投區致遠一路二段12巷1號。

建議路線
　1.搭乘捷運
　　淡水信義線石牌站下車，由月台上二號出口出站，二號出口出站後靠右邊，沿著捷運高架往台北方向走(往明德站方向)，其街名為西安街，約80公尺後至西安街一段293巷進入(巷口有一公車站牌，站名為自強街口，勿超過紅綠燈)，再步行約200公尺可達本公司，本公司面對致遠公園。

　2.自行開車或騎車
　　由承德路接石牌路，看到陽信銀行右轉，此條即為致遠一路二段，在遇到自強街(紅綠燈)前的巷子左轉，即可看到本公司招牌。

國家圖書館出版品預行編目資料

NBA經典進攻戰術解析／曹冬　單曙光 著
－初版－臺北市，大展出版社有限公司，2021〔民110.9〕
　面；21公分－（運動精進叢書；29）
ISBN 978-986-346-338-2（平裝）
1. 職業籃球
528.952　　　　　　　　　　　　　110011030

NBA經典進攻戰術解析

著　　者／曹　　冬・單　曙　光
責任編輯／王　英　峰
發 行 人／蔡　森　明
出 版 者／大展出版社有限公司
社　　址／台北市北投區（石牌）致遠一路2段12巷1號
電　　話／(02) 28236031・28236033・28233123
傳　　真／(02) 28272069
郵政劃撥／01669551
網　　址／www.dah-jaan.com.tw
E-mail／service@dah-jaan.com.tw
登 記 證／局版臺業字第2171號
承 印 者／傳興印刷有限公司
裝　　訂／佳昇興業有限公司
排 版 者／千兵企業有限公司
授 權 者／人民體育出版社
初版1刷／2021年（民110）9月

定　價／280元

大展好書　好書大展
品嘗好書　冠群可期

大展好書　好書大展
品嘗好書　冠群可期